Hachette-BnF s'enrichit d'une nouvelle gamme d'ouvrages en couleurs, fac-similés d'éditions originales publiées jusqu'au début du xxe siècle, sélectionnées parmi des pièces remarquables et rares conservées à la Bibliothèque nationale de France.

Imprimés à la demande, ces ouvrages sont ainsi des reproductions fidèles d'éditions d'œuvres richement illustrées de gravures, peintures ou dessins réalisés par de grands artistes. Les œuvres de cette collection ont été numérisées par la BnF et sont consultables en version numérique sur Gallica.

Pour découvrir tous les titres du catalogue, rendez-vous sur www.hachettebnf.fr

PROVERBES ET BONS MOTS

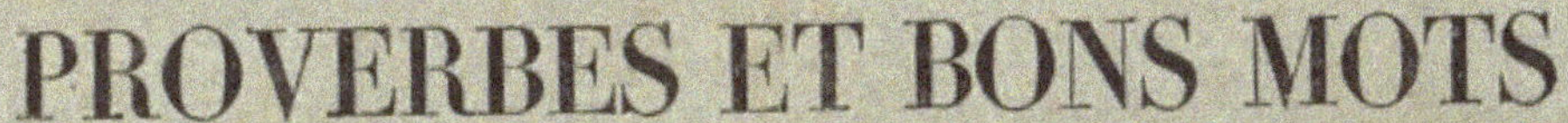

MIS EN ACTION,

D'APRÈS LES MOEURS POPULAIRES;

COMPOSÉS ET LITHOGRAPHIÉS

PAR MM. PIGAL, PAJOU ET J.s ARAGO,

avec Texte explicatif rédigé par J.s Arago;

ET PUBLIÉS

PAR NOEL, ÉDITEUR, RUE SAINT-JACQUES, N.o 16.

1.re LIVRAISON.

A PARIS,

Chez NOEL et DAUTY, Éditeurs et Marchands d'Estampes, Galerie de Nemours, Palais-Royal;

Chez
- LEBLANC, Imprimeur-Libraire, Abbaye Saint-Germain-des-Prés;
- Edouard GARNOT, Libraire, rue Pavée-Saint-André-des-Arcs, N.° 7;
- MARTINET, Libraire, rue du Coq-Saint-Honoré;
- Mad. BROSSIER, quai Voltaire, au Dépôt de la Lithographie;
- LEFUEL, rue Saint-Jacques, N.° 54.

DE L'IMPRIMERIE DE LEBLANC.

N°1

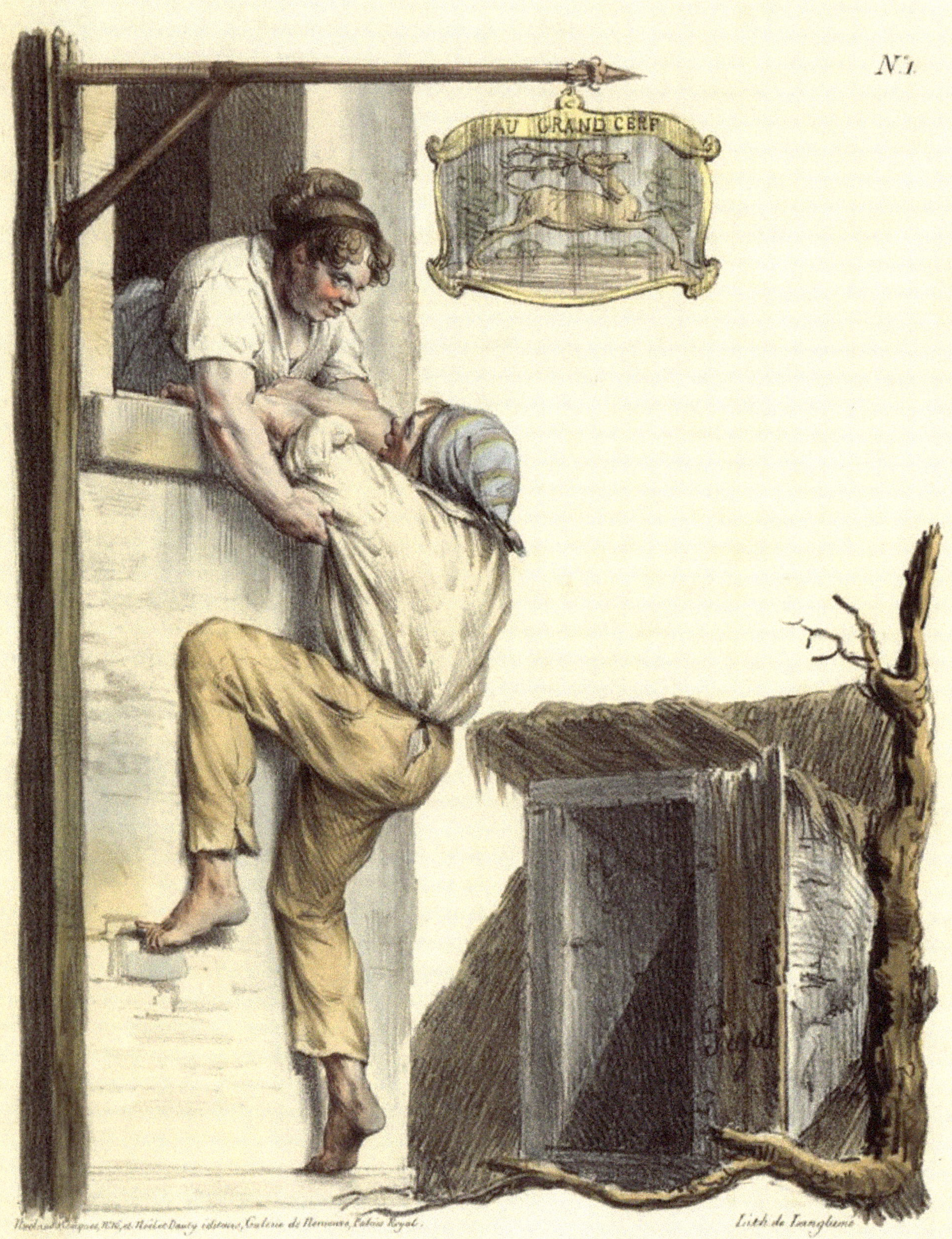

Lith. de Langlumé

Un peu d'aide fait grand bien.

N.° 1.er

Un peu d'aide fait grand bien.

Ce Proverbe date du XV.e siècle, mais il n'a pas vieilli pour cela, et l'on peut encore aujourd'hui en faire l'application à toutes les classes de la Société.

Ce rustre, qui soupire pour les robustes appas de sa cuisinière, escalade une croisée à l'aide d'une main officieuse, et dit en arrivant : Merci, not' parsonnière ; *Un peu d'aide fait grand bien.*

Ce larmoyant auteur de quelque tragédie sainte, ou ce famélique rimeur de certain drame soporifique, ne se dit-il pas aussi tout bas, en sortant du théâtre où des *amis* obligeans et soldés l'ont soutenu en dépit de la raison : *Un peu d'aide fait grand bien.*

Et ce Député, ami de nos institutions, qu'il va soutenir à la tribune nationale, ne peut-il pas dire encore, étonné de son bonheur : *Un peu d'aide fait grand bien.*

N. 2.

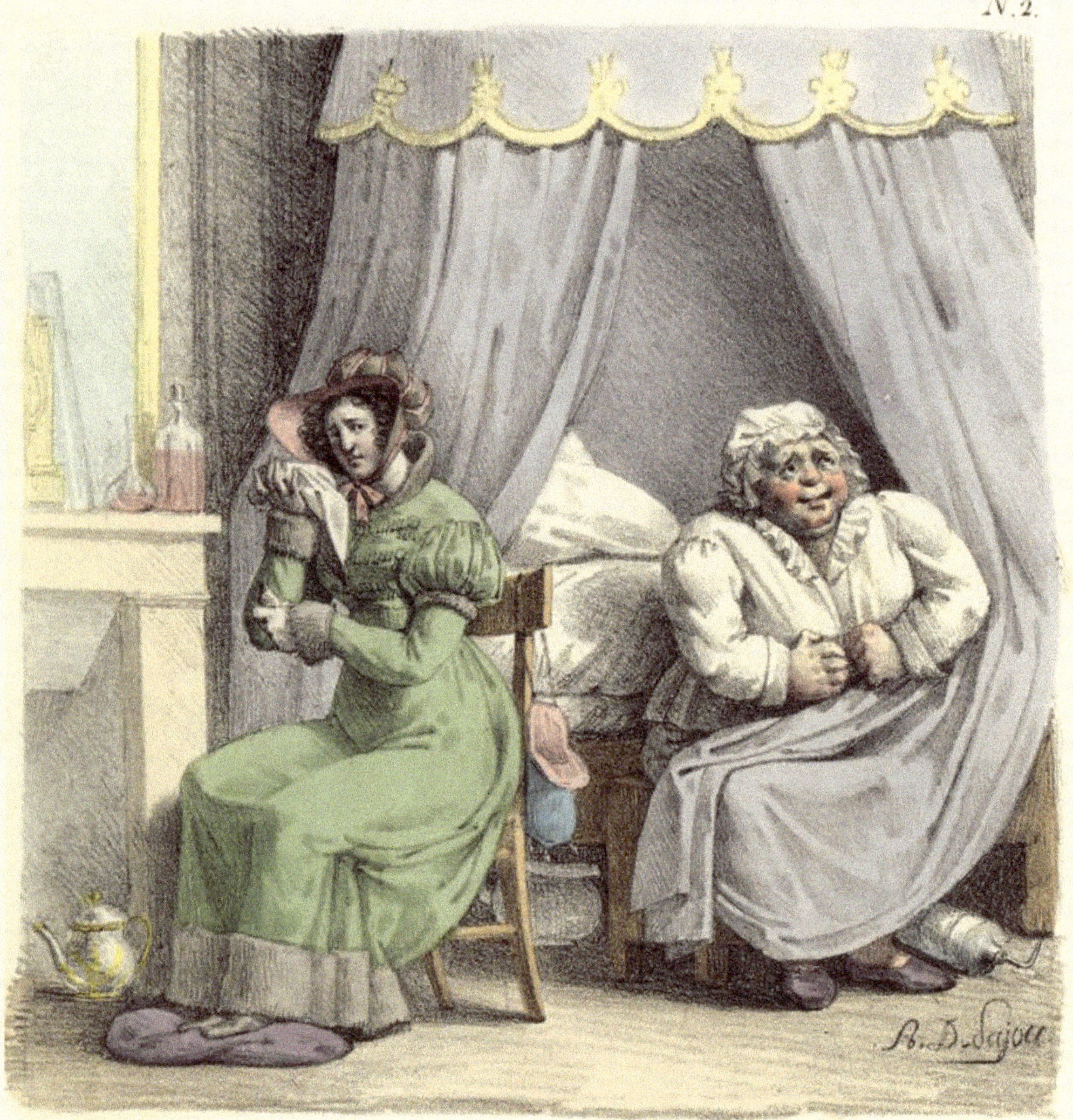

Noël rue S. Jacques N° 16 | Lith. de Langlumé r. de l'Abbaye N° 4

Nécessité n'a pas de lois.

Noël et Dauty éditeurs G.ie de Nemours Palais Royal

N.° 2.

Nécessité n'a pas de lois.

Fénélon passait dans une rue de Cambray (ce Prélat allait plus souvent à pied qu'en carrosse); une vieille femme, accroupie à côté d'une borne, allait se lever à l'aspect du grand homme, lorsque celui-ci, s'approchant, lui dit, avec sa bonté accoutumée : Restez, ma bonne; j'aime mieux voir la poule que l'œuf. *Nécessité n'a pas de lois.*

Beaumarchais l'a dit : *Les Proverbes sont la sagesse des nations.* . . . Celui-ci cependant n'est pas très-juste. Quoi! parce que la faim talonne ce pauvre malheureux, il lui sera permis d'entrer dans un magasin de comestibles et de se rassasier? . . Les Proverbes ne sont réellement bons que lorsque les exceptions sont très-rares : *Nécessité n'a pas de lois* en offre beaucoup trop.

Le mot de *nécessité* me rappelle un mot d'un ministre. Un poëte lui avait dédié une mauvaise pièce de vers : Son Excellence, en lui donnant une légère gratification, lui dit : Tenez, Monsieur; mais ne faites plus de vers. — Eh! Monseigneur, il faut bien que je vive. — Je n'en vois pas la nécessité, répondit celui-ci. . . Cet homme était ministre.

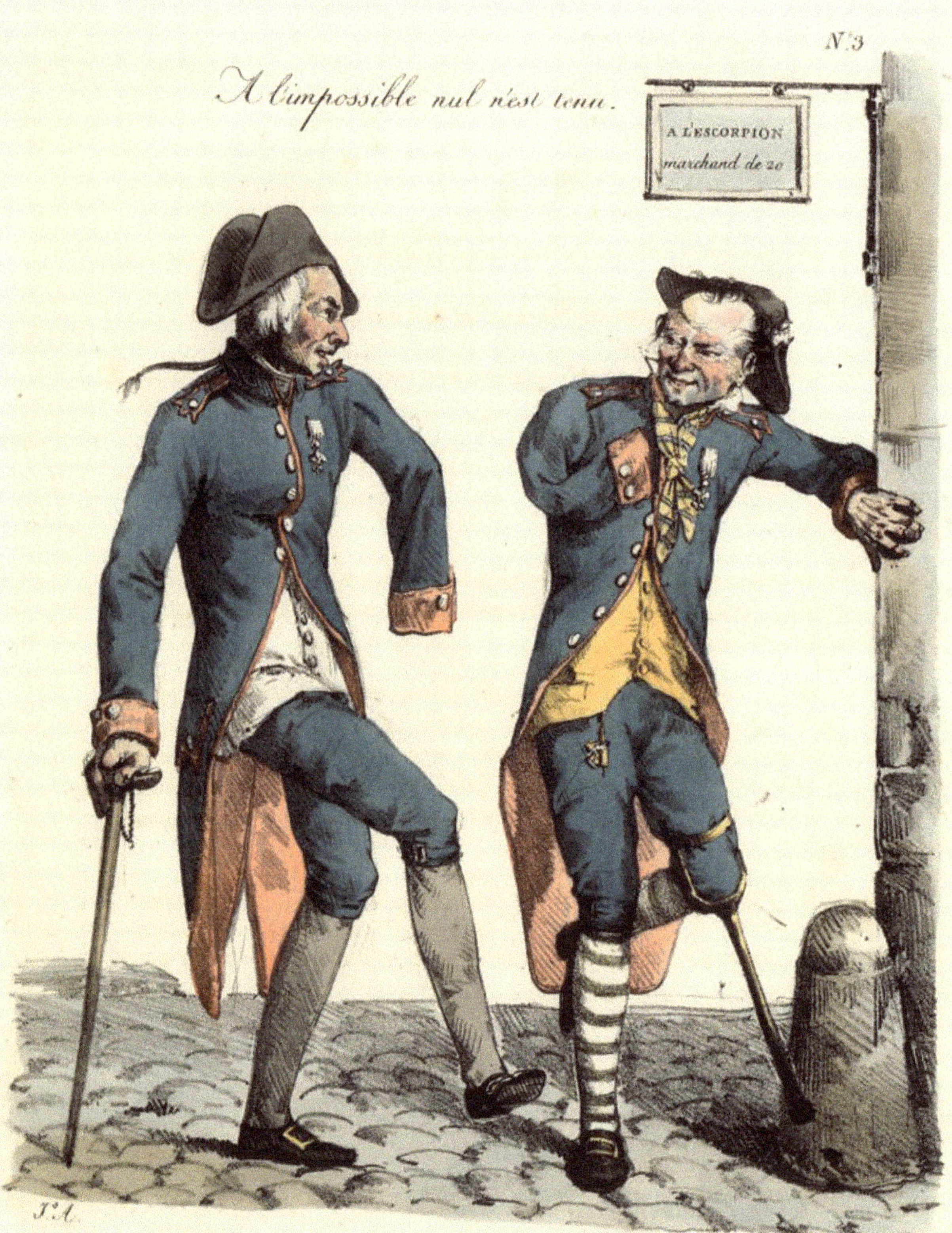

Lith. de Langlumé rue de l'Abbaye N° 4

Donne-moi donc le bras, camarade.

N.° 3.

A l'impossible nul n'est tenu.

La lâcheté ne manque jamais d'invoquer ce prétexte pour se dispenser des devoirs les plus essentiels, dit le Dictionnaire des Proverbes. Nos deux Invalides le justifient par un plus glorieux motif.

Un jeune officier, chargé, lors de nos dernières campagnes, de défendre un poste qui lui fut confié, ne s'y maintint pas assez long-temps; Napoléon l'appela près de lui, et lui demanda compte de sa conduite. Sire, répondit l'officier, *à l'impossible nul n'est tenu :* ce poste était *indéfendable.* — Taisez-vous, Monsieur; cela n'est pas *français*. . . . . Avec un pareil général, on n'était guère distingué qu'en faisant l'impossible.

Impossible de passer les Alpes, avait-on dit; *impossible* de vaincre Sowarow; *impossible* de s'emparer de Vienne, de Berlin; *impossible* aux Français de résister plus d'un mois à l'Europe coalisée. . . . Hélas! que de choses *impossibles* se sont vues depuis lors! . . . .

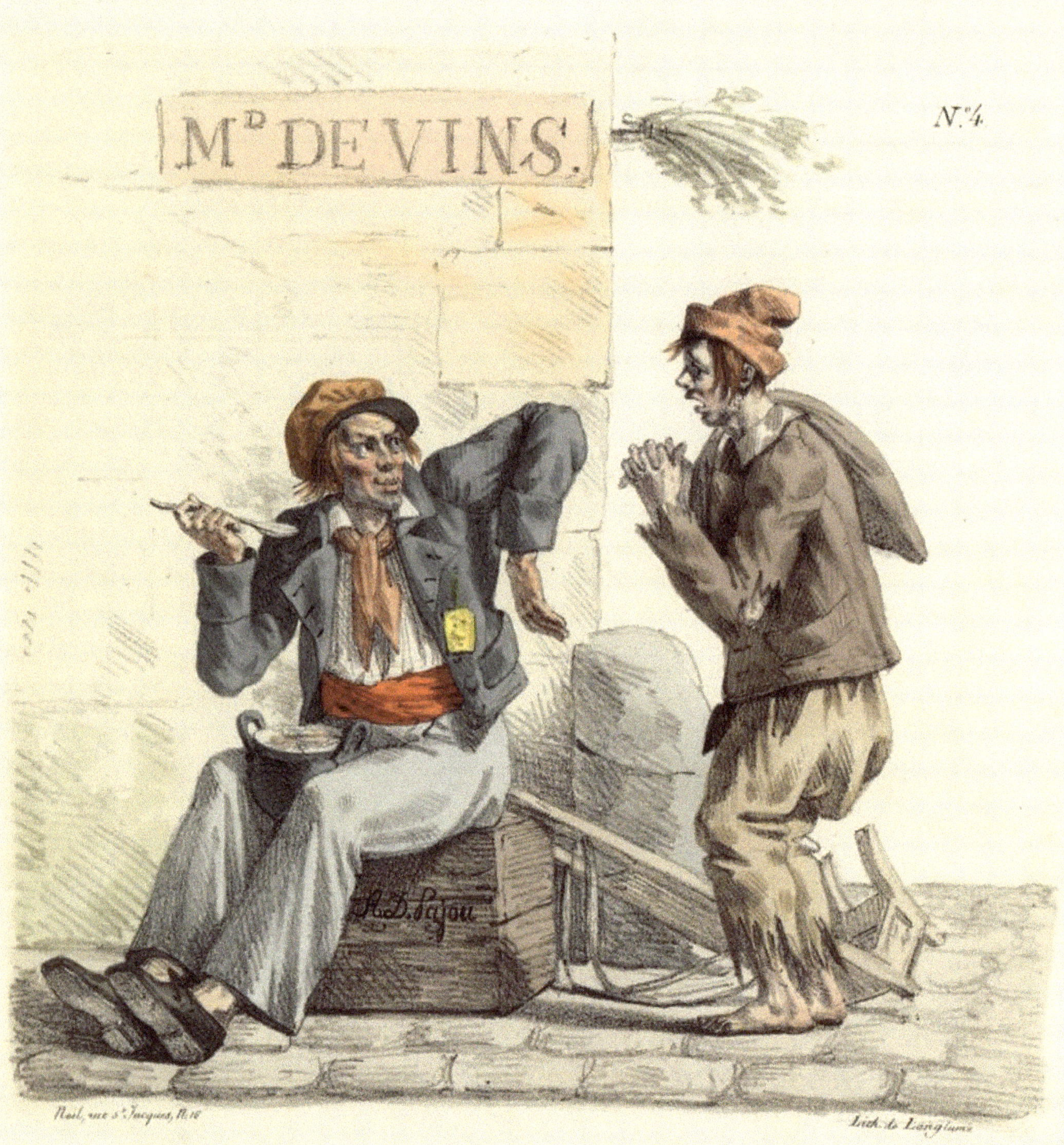

Noël, rue St Jacques, N.16 — Lith. de Langlumé

Celui qui s'attend à l'écuelle d'autrui a souvent mal diné.

Noël et Dauty éditeurs Galerie de Nemours Palais Royal

N.° 4.

Celui qui s'attend à l'écuelle d'autrui a souvent mal dîné.

Quelques personnes prétendent que ce Proverbe a pris naissance à Toulouse; d'autres assurent que c'est à Bordeaux. — Avez-vous dîné, vous dit souvent un Gascon qui rentre chez lui. — Oui, je sors de table. — Ah! tant-pis; car je vous aurais retenu... — Le plaisir d'être avec vous me donnera encore de l'appétit; entrons. — Oui, je vous aurais retenu pour me conduire jusqu'à la porte du Sous-Préfet, chez lequel je suis invité. — Je n'ai pas faim, adieu... — Il est bien heureux de ne pas avoir faim.

Si j'avais conseillé le dessinateur, j'aurais fait mettre des habits et des broderies au-lieu de vestes et de haillons; le Proverbe aurait été mieux justifié.

N.° 5.

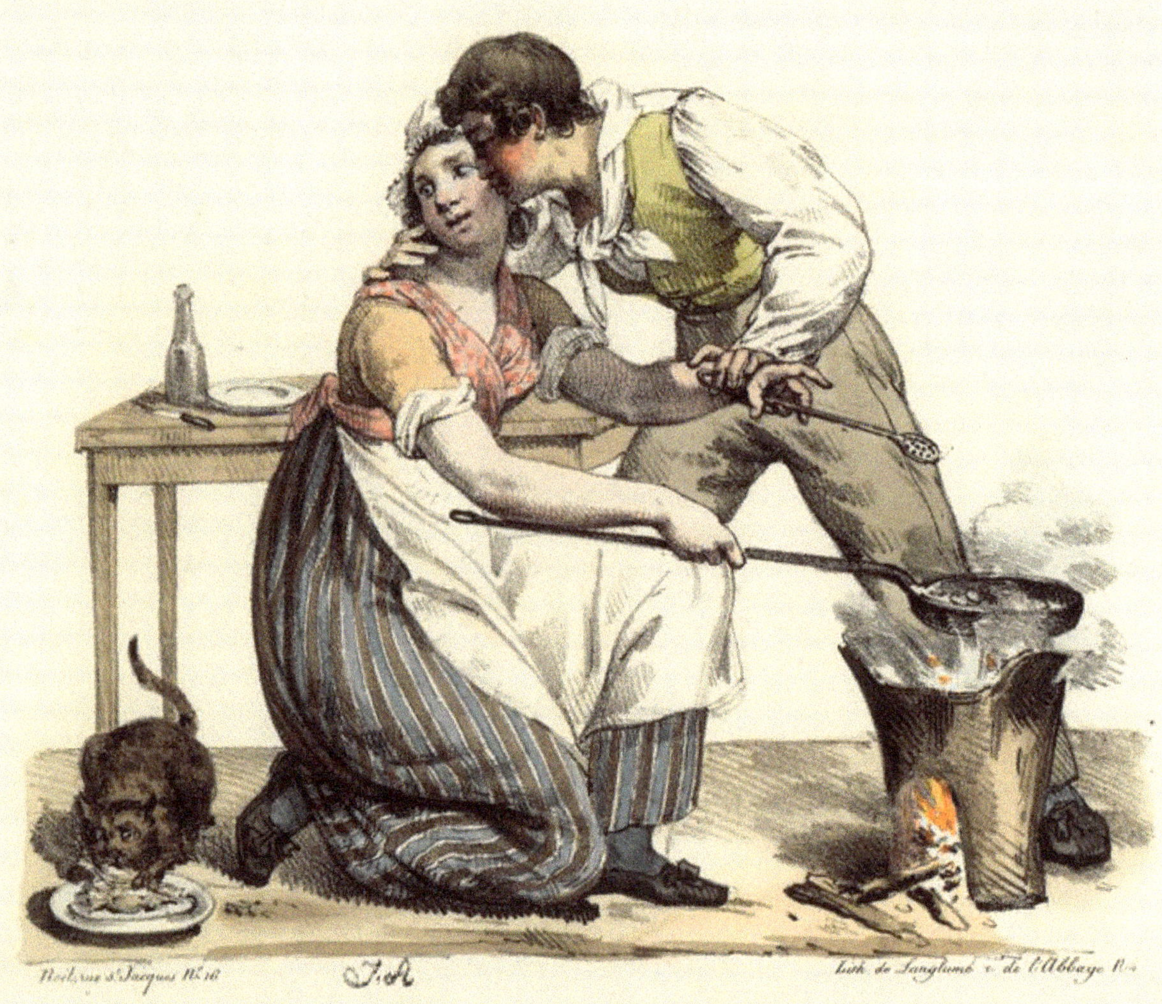

Noël, rue S.t Jacques N.° 16 — J. R. — Lith. de Langlumé r. de l'Abbaye N.° 4

Bien embarrassé qui tient la queue de la poêle.

Noël et Dauty éditeurs G.rie de Nemours Palais Royal

N.° 5.

Bien embarrassé qui tient la queue de la poële.

Ce Proverbe donna naissance à un mot de Henri IV, qui est passé aussi en Proverbe, et qui peint bien la bonté du caractère de ce Prince.

LE PRINCE ET LE MINISTRE.

Dans le besoin pressant qui nous menace,
Sire, il faudrait recourir aux impôts.
— Ah! des impôts! laissons cela, de grâce;
Mon pauvre Peuple a besoin de repos.
Le voulez-vous sucer jusqu'à la moële?
Je prétends, moi, qu'il n'en soit pas ainsi.
— Sire, songez quel est en tout ceci
Mon embarras; songez que de la poële
Qui tient la queue est le plus mal loti.
— Qui dit cela? — Qui? le Proverbe, Sire.
— Ventre-saint-gris, le Proverbe a menti,
Car, de par Dieu, c'est celui qu'on fait frire.

Quels sont les mots de Henri IV qui ne nous fassent pas exécrer Ravaillac?

N.° 6

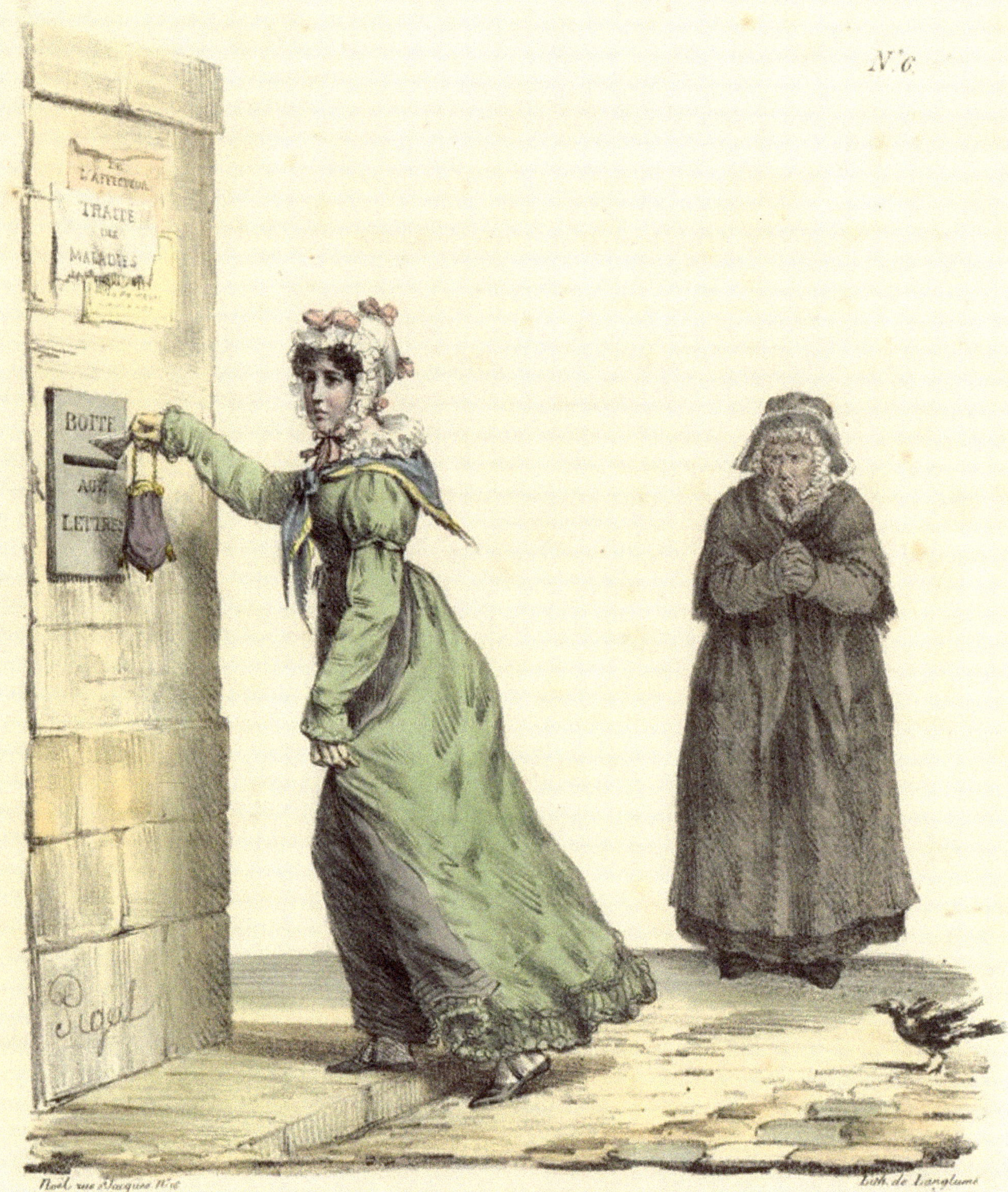

Noël rue St Jacques N° 16

Lith. de Langlumé

Honni soit qui mal y pense.

Noël et Dauty, Editeurs Galerie de Nemours Palais royal

Honni

N.° 6.

Honni soit qui mal y pense.

A qui écrivez-vous, ma fille? — Maman, à mon médecin. — Seriez-vous incommodée? — Je sens un malaise partout. — Partout! vous me faites trembler. Victoire! vîte, cette lettre à la poste..... Le docteur arrive. — Qu'avez-vous, belle enfant? — Je souffre. — D'où? — (*en rougissant*) De là. — Ce ne sera rien; je vous ai devinée; prenez ce baume; il est fortifiant. — Mais si maman le voit! — Ne m'avez-vous pas dit que vous souffriez de l'estomac? — J'en conviens. — Eh bien, nous le lui dirons aussi, et elle le croira. — Vous pensez? — J'en suis sûr. — Portez-moi un autre flacon, docteur; je crains d'être encore malade demain. — Demain! vous le serez moins qu'aujourd'hui; les premières chaleurs, comme les premiers froids, sont les plus sensibles. Adieu; menagez-vous, mon enfant.

Tel est le sujet du dessin de la Collection.

Édouard III, de la famille des Plantagenets, créa l'Ordre de la jarretière, le 19 janvier 1334 (*Histoire des différens Ordres de chevalerie*).

Le conte vulgaire que ce Prince ramassa la jarretière d'une dame de sa cour, qui passait pour sa maîtresse, n'est appuyé par aucune autorité recommandable. D'après quelques écrivains obscurs, la comtesse de S........ laissa exprès tomber sa jarretière en dansant avec le Roi. Celui-ci, en la relevant, s'aperçut que plusieurs courtisans souriaient de l'aventure; mais Édouard réprima leur gaîté caustique, et leur dit : *Honni soit qui mal y pense*. (Hume, *Histoire d'Angleterre*). Dans ces temps de chevalerie, tout conte ou évènement d'une tournure galante était adopté ou célébré avec éclat.

N. 7

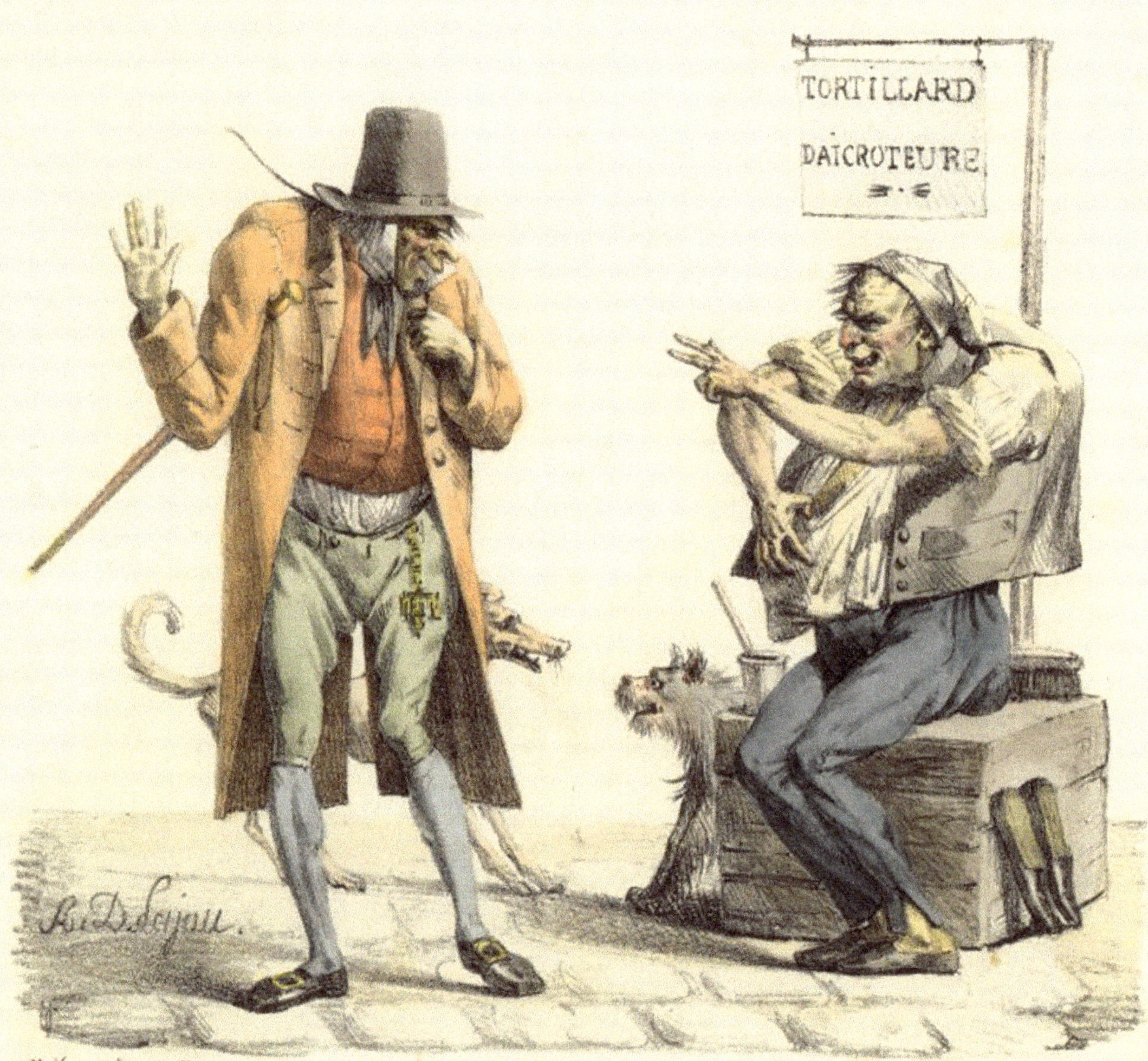

Noël rue St Jacques N. 16

Lith. de Langlumé r. de l'Abbaye N.

La moitié du monde se mocque de l'autre,
ou la pelle qui se mocque du fourgon.

Noël et Dauty éditeur Galerie de Nemours Palais Royal

N.° 7.

La moitié du monde se moque de l'autre.

Je viens de faire le tour du Monde, et je me suis convaincu de la vérité de ce Proverbe, qui, sans doute, date de bien loin.

Les Anglais ne se moquent-ils pas de ceux qui croient à la franchise de leur politique? Les *Sauvages* de la mer du Sud ne se moquent-ils pas de ceux qui les appellent Sauvages? La Russie ne s'est-elle pas moquée de la Grèce? Chez nous, les censeurs ne se moquent-ils pas de ceux qui leur soumettent des comédies philosophiques? L'auteur de certaine pièce soporifique ne se moque-t-il pas, sans le savoir, du public qui l'écoute? Le public, à son tour, ne se moque-t-il pas de l'auteur qui s'est moqué de lui? Celui qui me lit ne se moque-t-il pas aussi de moi?..... oh! oui : *La moitié du monde se moque de l'autre.*

N.° 8

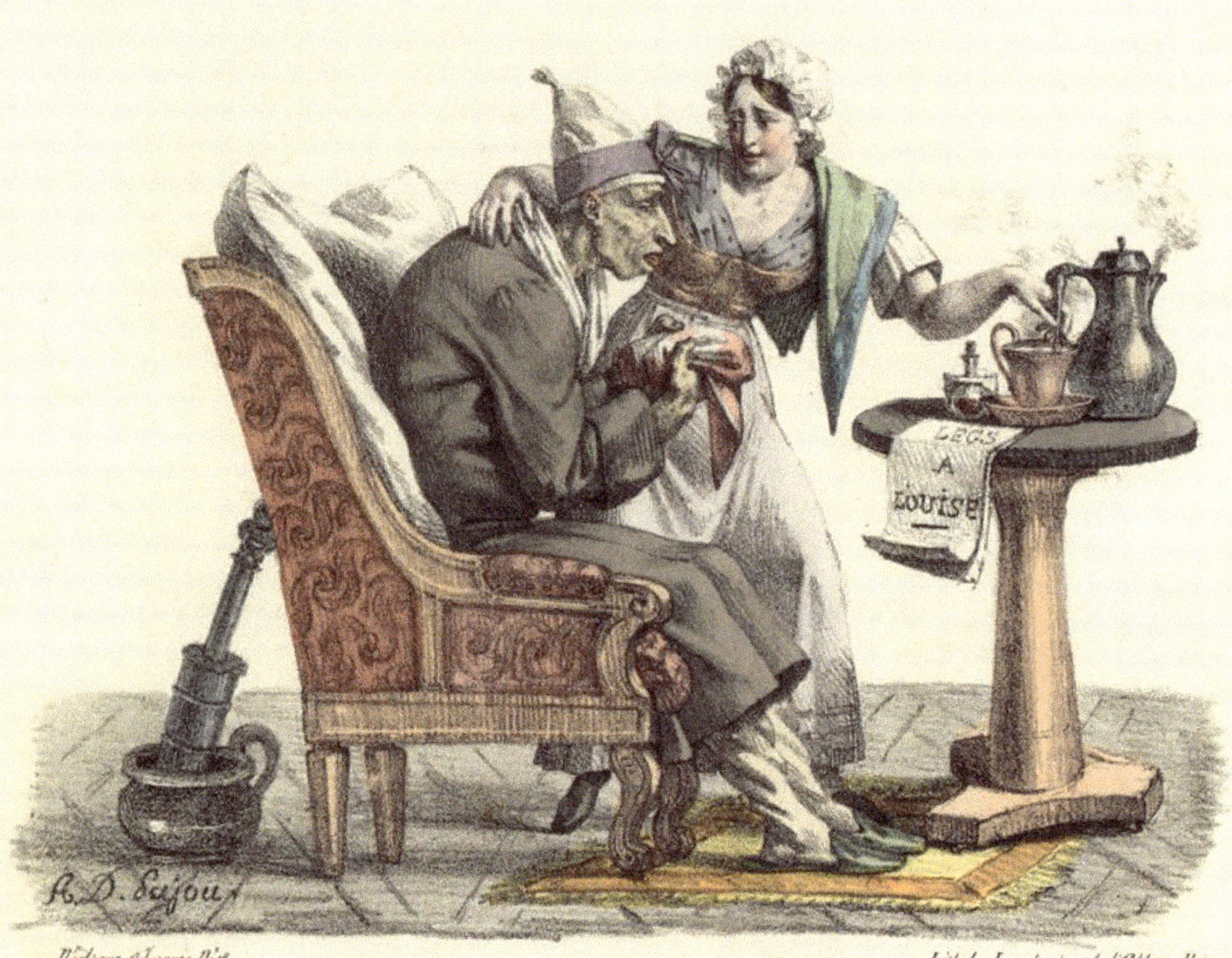

Noël rue S.t Jacques N.° 18 | Lith. de Langlumé r. de l'Abbaye N.° 4

Il faut gratter les gens où il leur démange.

Noël et Dauty éditeurs G.ie de Nemours Palais Royal.

N.° 8.

Il faut gratter les gens par où il leur démange.

CET homme aime les honneurs? Louez l'intrigue. — Cet autre ne rêve que richesse? Louez l'avarice. — Celui-ci, quoique âgé de douze lustres, courtise encore les Marton et les Lisette? Louez sa grâce, sa fraîcheur et sa légèreté. — Celui-là, au contraire, veut être vieux, malade en dépit de son docteur, qui (miracle trop rare!) maintient ses joues fraîches et son estomac en bon état? Louez les sirops, les juleps et les lavemens. . . . . Cela s'appelle proverbialement : *Gratter les gens par où il leur démange.*

Quand deux personnes de peu de mérite se louent réciproquement, on dit : *Un âne gratte l'autre;* et en latin : *Asinus asinum fricat.*

Je crois avoir vu, une ou deux fois dans la vie, deux sots s'accabler de complimens. Quelques personnes ont vu cela plus souvent que moi.

N.° 9

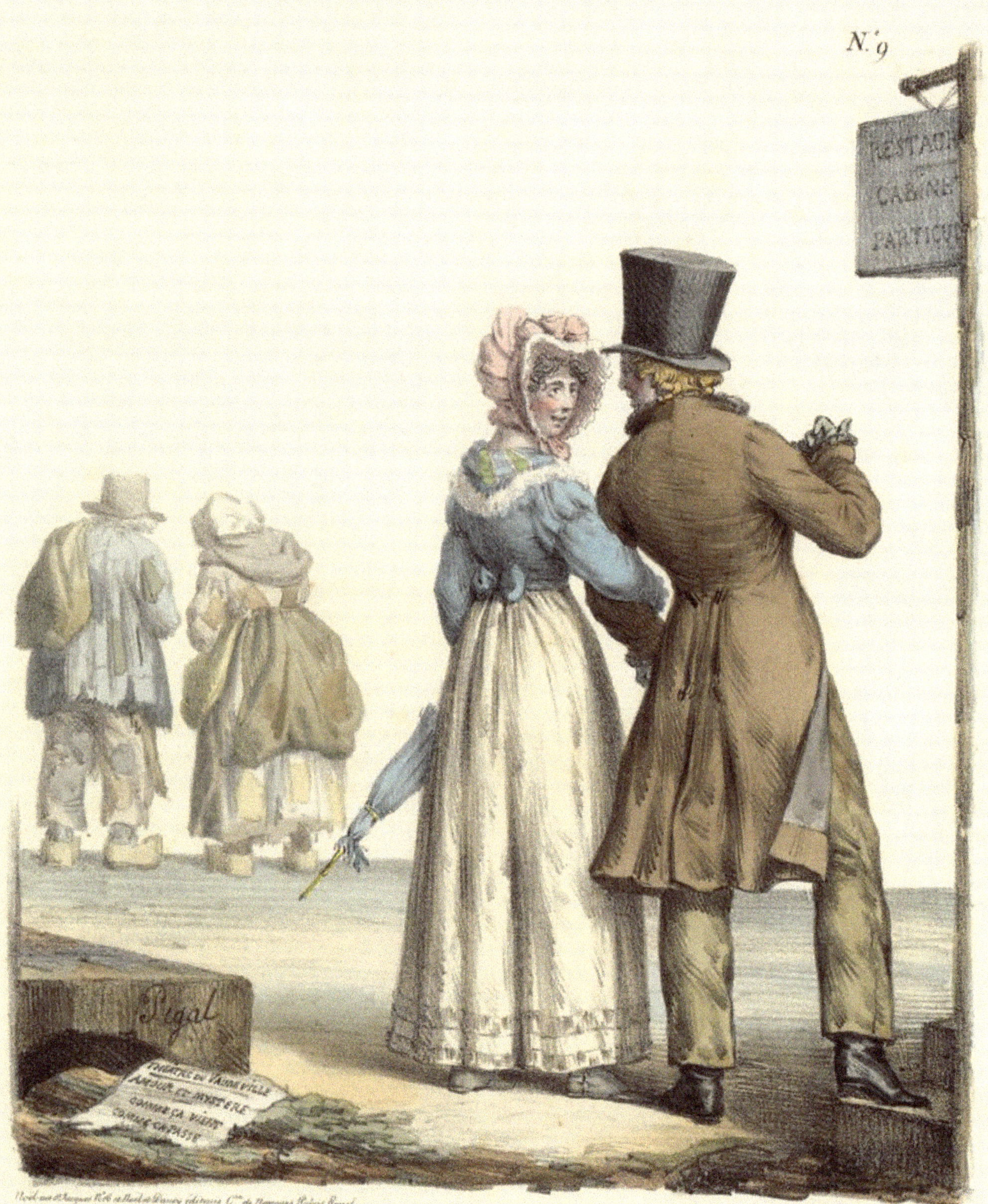

Lith. de Langlumé r. de l'Abbaye N.° 4

Qui se ressemble s'assemble.

N.° 9.

Qui se ressemble s'assemble.

Dis-moi qui tu hantes, je te dirai qui tu es. Ce dernier proverbe, semblable au premier, nous vient des Espagnols, qui disent plus énergiquement que nous : *Leurs chiens chassent ensemble*. Plus polis dans notre langage, nous adoucissons les expressions.

Ils disent aussi : *Ils font la même route en sens inverse ; ils se retrouveront*. J'aime mieux cette façon d'exprimer la même pensée. Il faut laisser, dans les Proverbes, quelque chose à deviner, sans cesser d'être clair et précis.

N.° 10

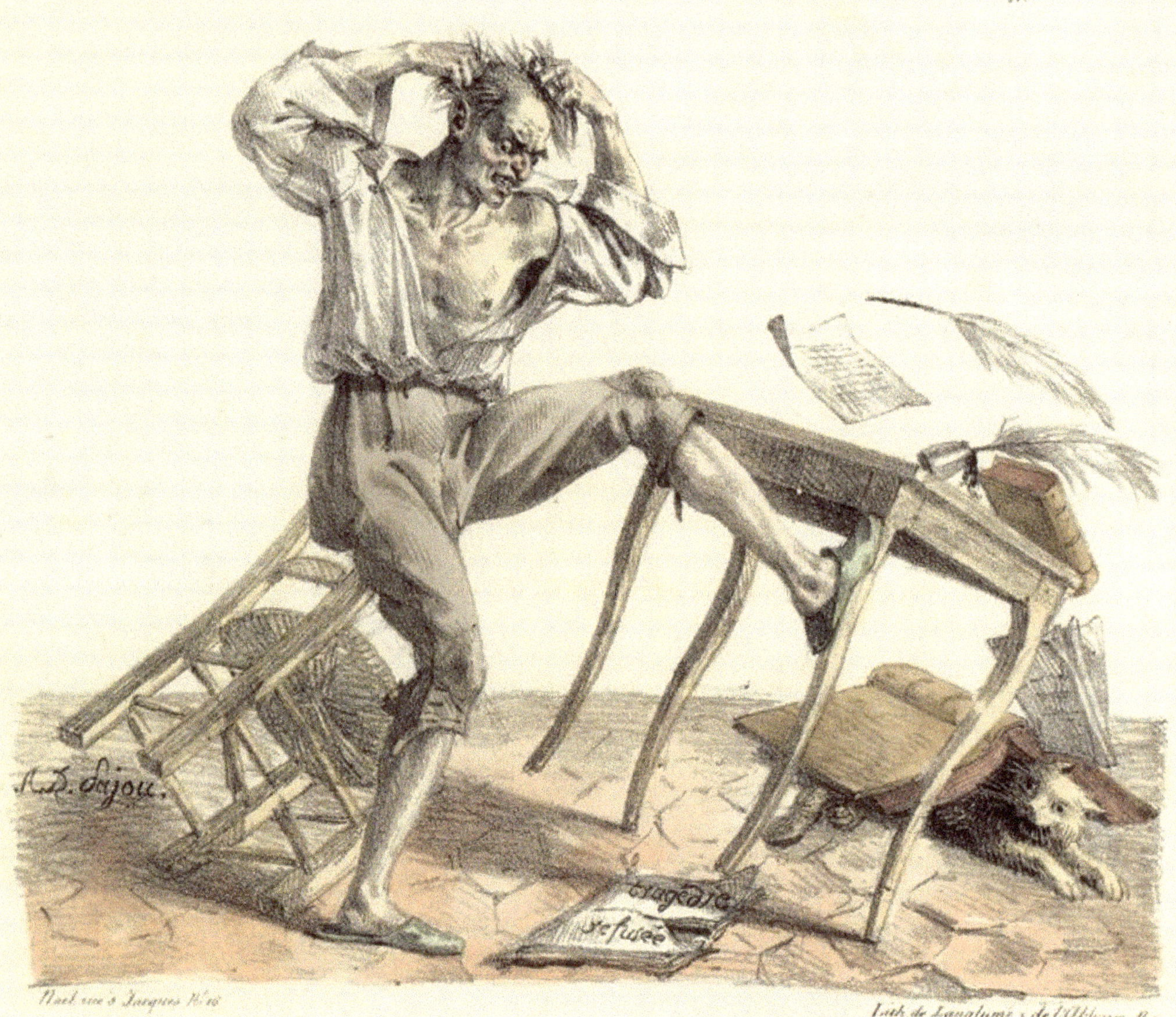

Noël rue S. Jacques N.° 16

Lith. de Langlumé r. de l'Abbaye N.

Il ne faut pas jetter le manche apres la coignée.

Noël et Dauty éditeurs Galerie de Nemours Palais Royal

N.° 10.

Il ne faut pas jeter le manche après la cognée.

Ce Proverbe est un des plus philosophiques que je connaisse; et c'est celui peut-être qui est le plus souvent dans la bouche des gens du peuple. Il est à présumer que c'est chez nous qu'il a pris naissance, car, en amour comme en affaires, nous sommes assez souvent portés à nous décourager dès le premier échec. La lenteur nous tue; et presque toujours le regret d'avoir fait une perte nous en occasionne de plus grandes.

Ne jette-t-il pas le manche après la cognée cet agriculteur qui refuse de cultiver ses terres, parce que les orages ont détruit ses récoltes? Et ce fougueux amant, rebuté par celle qu'il adore, et qui fait un choix indigne de lui, ne jette-t-il pas aussi le manche après la cognée?

Nous avons vu naguère des exemples où ce Proverbe ne devait pas nous être appliqué; et, ici, c'était le sentiment de notre dignité, notre honneur, nos souvenirs surtout qui ont été nos seuls mobiles. Où sont nos vieux soldats, de qui l'on peut dire qu'ils ont *jeté le manche après la cognée?*.... Quelle constance au milieu de nos funestes revers!

N° 11

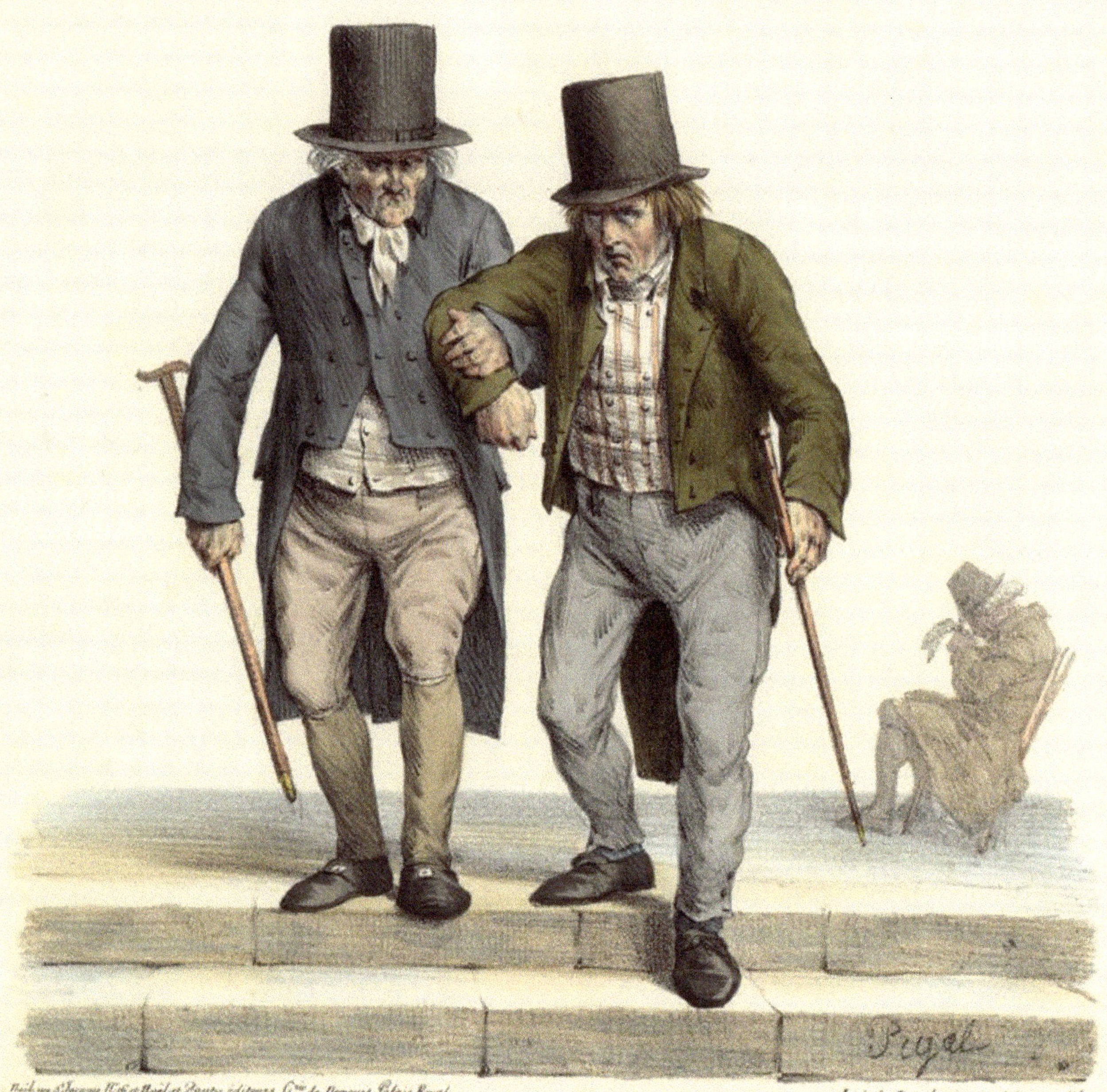

Veith rue St Jacques N° 16 et Noël et Dauty éditeurs G^rie de Nemours Palais Royal

Lith. de Langlumé r. de l'Abbaye N° 4

Les deux font la paire.

N.° 11.

Les deux font la paire.

Ce Proverbe ne date pas de loin ; et comme il fut employé par un témoin dans le procès du fameux *Cartouche*, on le prend presque toujours en mauvaise part. Dans un Recueil publié à Bruxelles, en 1802, on l'a placé à côté de *Qui se ressemble s'assemble*, et il signifie à-peu-près la même chose.

Vous avez vu ces deux jeunes gens si doux, si aimables, même dans leur colère, et qui sont sortis hier ensemble de chez madame de S.t-L. Il ont gagné bien de l'argent dans la partie qui s'est faite. Vous croyez peut-être qu'ils ont été sur le terrain à la suite de leur querelle? Détrompez-vous; on les a trouvés à l'hôtel des deux Gaspard, occupés à se partager leurs bénéfices. Aujourd'hui, l'un d'eux s'est mis un bras en écharpe, et l'autre boite légèrement; on les croirait blessés? Qu'on se détrompe; ils se portent à merveille : *Les deux font la paire*.

N° 12

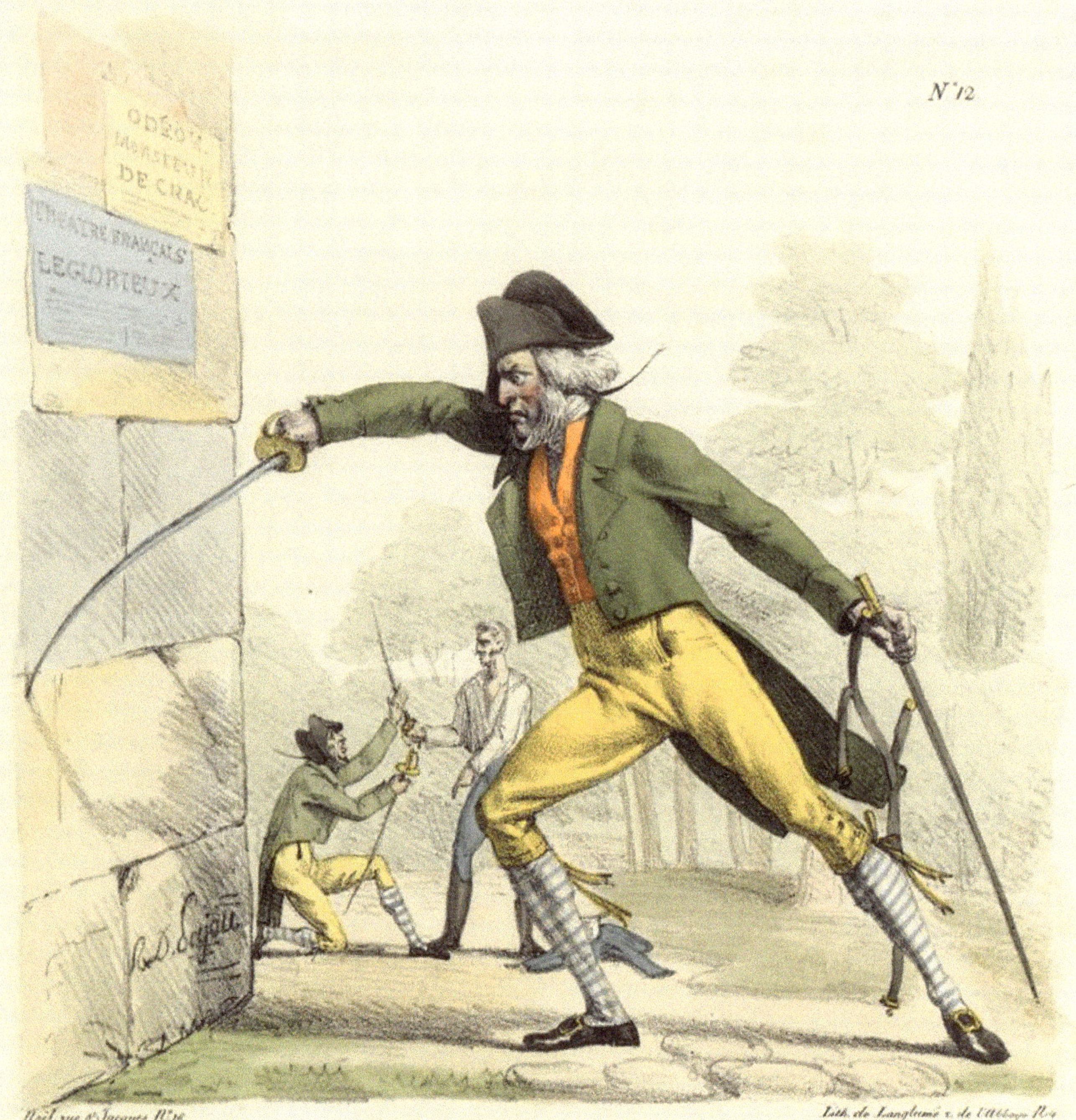

Noël, rue St Jacques N° 16

Lith. de Langlumé r. de l'Abbaye N° 4

Sandis si je le tenais
plus de bruit que de besogne

Noël et Dauty éditeurs, Gie de Nemours Palais Royal.

N.° 12.

Sandis! si je le tenais!....

Ce mot d'un poltron (je ne sais pourquoi on l'attribue à un Gascon) est celui que mettent presque toujours en avant certains personnages, plus belliqueux dans leurs propos que dans leurs actions. La vraie bravoure sait que le métier des armes est journalier; et plus il y a de modestie dans le langage, plus il y a de fermeté dans le danger : ceci est presque général.

L'artiste a représenté, dans le 2.e plan, un trait assez original :

Un homme, plus redoutable par sa langue que par son épée, insulta lâchement, dans un cercle, un jeune militaire qui lui en demanda satisfaction; mais le provocateur fanfaron, ajoutant l'ironie à l'outrage, l'engagea à modérer son ressentiment, et à ne pas poursuivre une affaire dont les suites n'étaient pas douteuses. — Je suis sûr de mon coup, lui disait-il; pourquoi voulez-vous que je vous tue? — Marchons, Monsieur..... Arrivés sur le terrain, l'offensé se met en garde, et engage son adversaire à se défendre; mais celui-ci le supplie encore de faire des excuses. — Vous n'avez qu'un moment à vivre si je prends mon arme, lui dit-il. — Nous allons le voir. — Allons, demandez-moi pardon et que ce soit fini. — Insolent! en garde! — Êtes-vous marié? Pauvre veuve, que je vous plains. — Pour la dernière fois, en garde! — Vous ne voulez donc pas, obstiné que vous êtes, me demander pardon? — Non, Monsieur, non. — Eh bien! en ce cas, je vous le demande, car je ne veux avoir à me reprocher la mort de personne. — Vous êtes un lâche. — Eh bien, Monsieur, soit, dites le partout, si vous voulez; mais on ne vous croira pas, car j'ai fait mes preuves; et un jour, un certain crâne. . . . si je l'avais tenu. . . . Il acheva seul sa période : on le laissa à genoux.

N.° 13

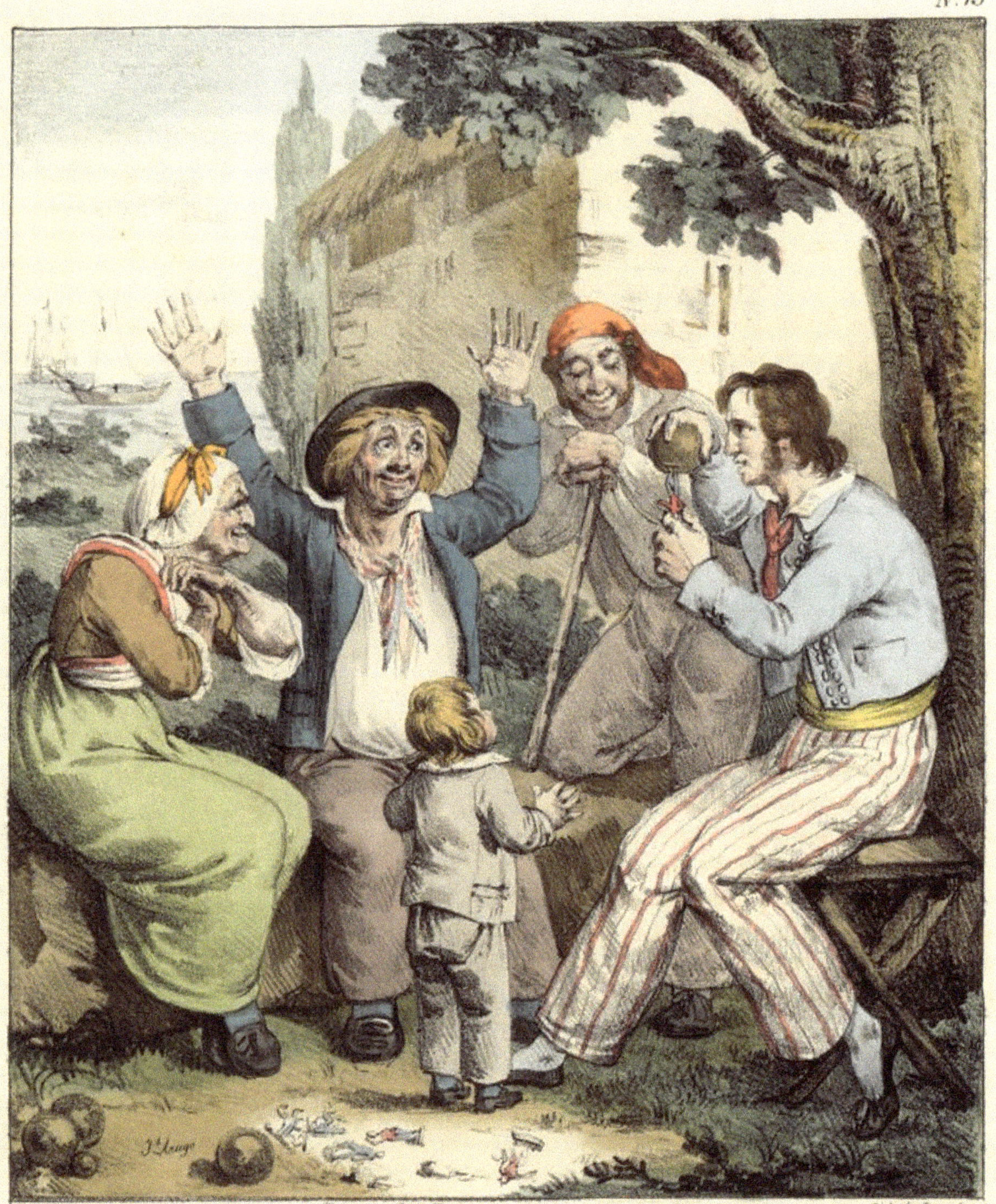

Noël, rue S.t Jacques N.° 16, et Noël et Dauty éditeurs G.de de Romenas Palais Royal — Lith. de Langlumé

A beau mentir qui vient de loin.

N.° 13.

A beau mentir qui vient de loin.

J'ai trouvé à l'Ile-de-France un homme aussi original que ce M. de Merven, dont parle M. Jouy dans un des jolis articles de l'Ermite, et qui mettait sur son fusil : *ex libris Merven*. C'est sans doute une de ses plus jolies bêtises.

L'original que j'ai connu avait la rage, non des bêtises, mais des mensonges; et il avait puisé ce goût dans ses longs voyages. — Vous allez courir le monde, me dit-il un jour; je vous souhaite des aventures aussi étonnantes que celles qui me sont arrivées; et je désire surtout que vous relâchiez à *Wakahirou*. — Où est cette terre? — C'est une île de l'Océan pacifique. — De quel archipel? — Elle est isolée. — Quelle est sa latitude? — Je ne m'en souviens pas. — Quel voyageur l'a visitée? — Moi. — Et qu'y avez-vous vu? — J'y ai vu des hommes de 8 ou 900 ans. — Bah! vous voulez m'en faire accroire. — Non, Monsieur. je vous l'assure; mais, au premier coup-d'œil, on ne leur en donnerait pas plus de 400 ou 450; parole d'honneur.

J'ai souvent ri de cette petite anecdote. Il faut convenir toutefois que le voyageur qui raconte ses courses lointaines a souvent une peine infinie à persuader à ses auditeurs les choses les plus simples; et cela parce qu'il en a été temoin aux Antipodes. Je disais l'autre jour, dans un cercle, que j'avais vu un Sauvage de la Nouvelle-Hollande escalader un arbre très-raide avec beaucoup plus de facilité qu'un Européen. *A beau mentir qui vient de loin,* me dit une dame peu crédule et très-peu obligeante. Qu'aurait-elle ajouté si j'avais protesté que cet arbre avait plus de trois pieds de diamètre, et était presque aussi lisse que nos mâts de cocagne?....

Celui-ci se croyant l'hyperbole permise:
J'ai vu, dit-il, un chou plus grand qu'une maison :
Et moi, dit l'autre, un pot aussi grand qu'une église.
Le premier se moquant, l'autre reprit : Tout doux,
On le fit pour cuire vos choux.

Le meilleur moyen de punir un menteur est d'enchérir toujours sur ce qu'il raconte.

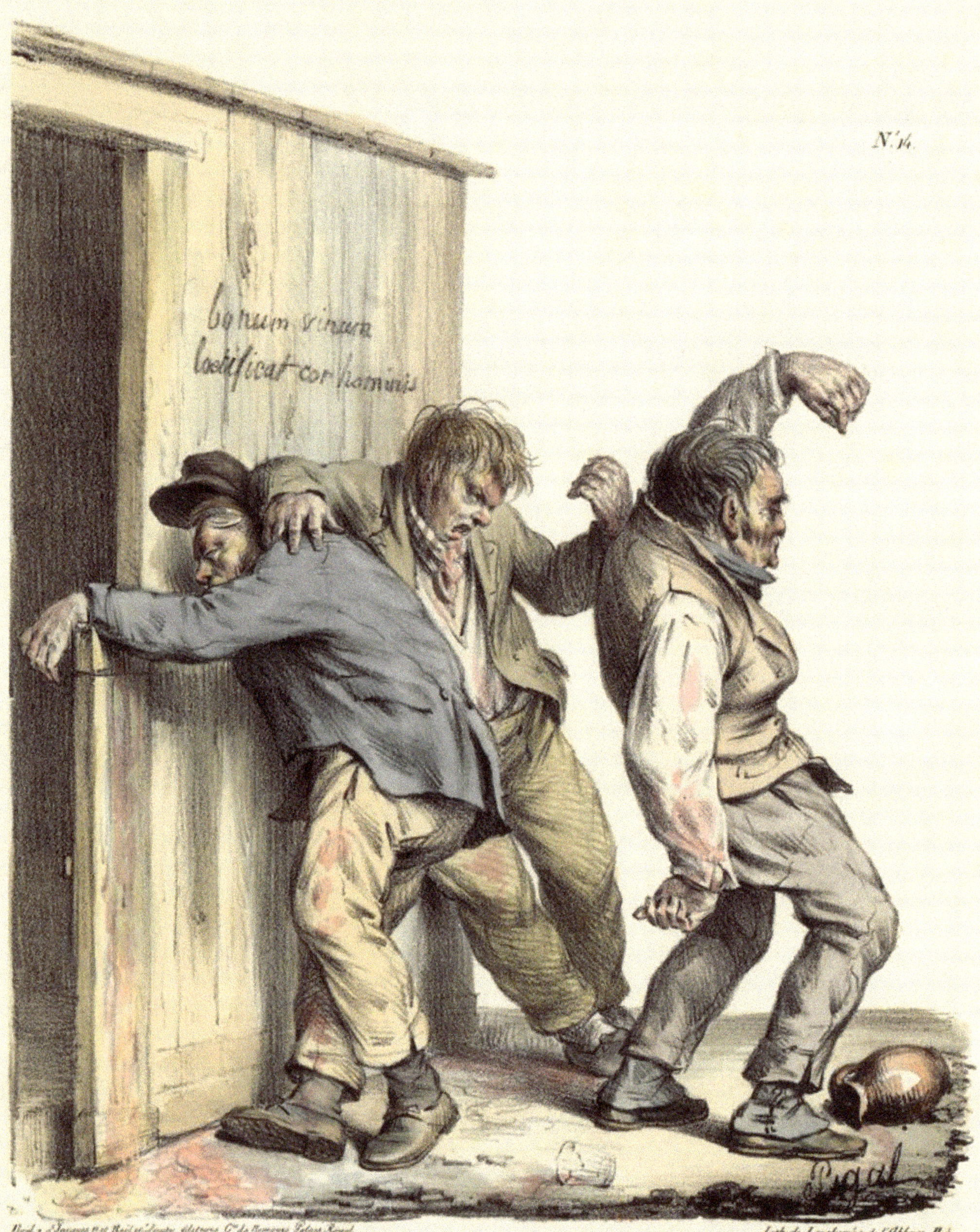

A bon vin point d'enseigne.

N.° 14.

A bon vin point d'enseigne.

La manie des enseignes date de fort loin; mais Watteau, mort fort jeune, en 1721, fit, pour une marchande de mode du pont Notre-Dame, une enseigne qui obtint les honneurs de la gravure. Depuis lors, on a attaché un certain prix aux enseignes; et, de nos jours, quelques-unes sont de véritables tableaux. *Les Trois Sultanes, la Toison de Cachemire, les Architectes Canadiens, la Blanche Marguerite, le Coin de Rue, Pygmalion,* ne dépareraient pas un musée.

On trouve, dans une Chronique du dix-huitième siècle, qu'on voyait quelquefois pour enseignes, des *volans* de six pieds de hauteurs, des *perles* grosses comme des tonneaux, des *plumes* qui allaient jusqu'au troisième étage. C'est ce qu'on appelait *enseignes parlantes.*

Quelques-unes des enseignes d'aujourd'hui ont l'air de plaisanteries, et d'autres sont si stupides, qu'on s'étonne, avec raison, que la police les laisse subsister. Passe pour *honni soit qui mal y* PANSE, à la porte d'une écurie, ou,

> Les ciseaux d'Atropos font frémir la nature;
> Ma main, avec les miens, embellit la figure,

à celle d'un perruquier ; mais des enseignes telles que celles-ci devraient être supprimées :

Maison d'éducation des deux sexes et autres, près le Jardin des Plantes.

B. . . charcutier, fait langues. . . . et autres cochonneries, dans la rue Saint-Martin.

Au pou volant, près la Villette.

M.me . . . tond les chiens, coupe les chat, et son home, et *vat en vile.*

D. . . . pose des sonnettes dans le cul. . . . de sac; etc., etc.

C'est à un marchand de vin de la barrière de Paris, établi en 1740, qu'on doit le Proverbe *A bon vin point d'enseigne.*

N.° 15.

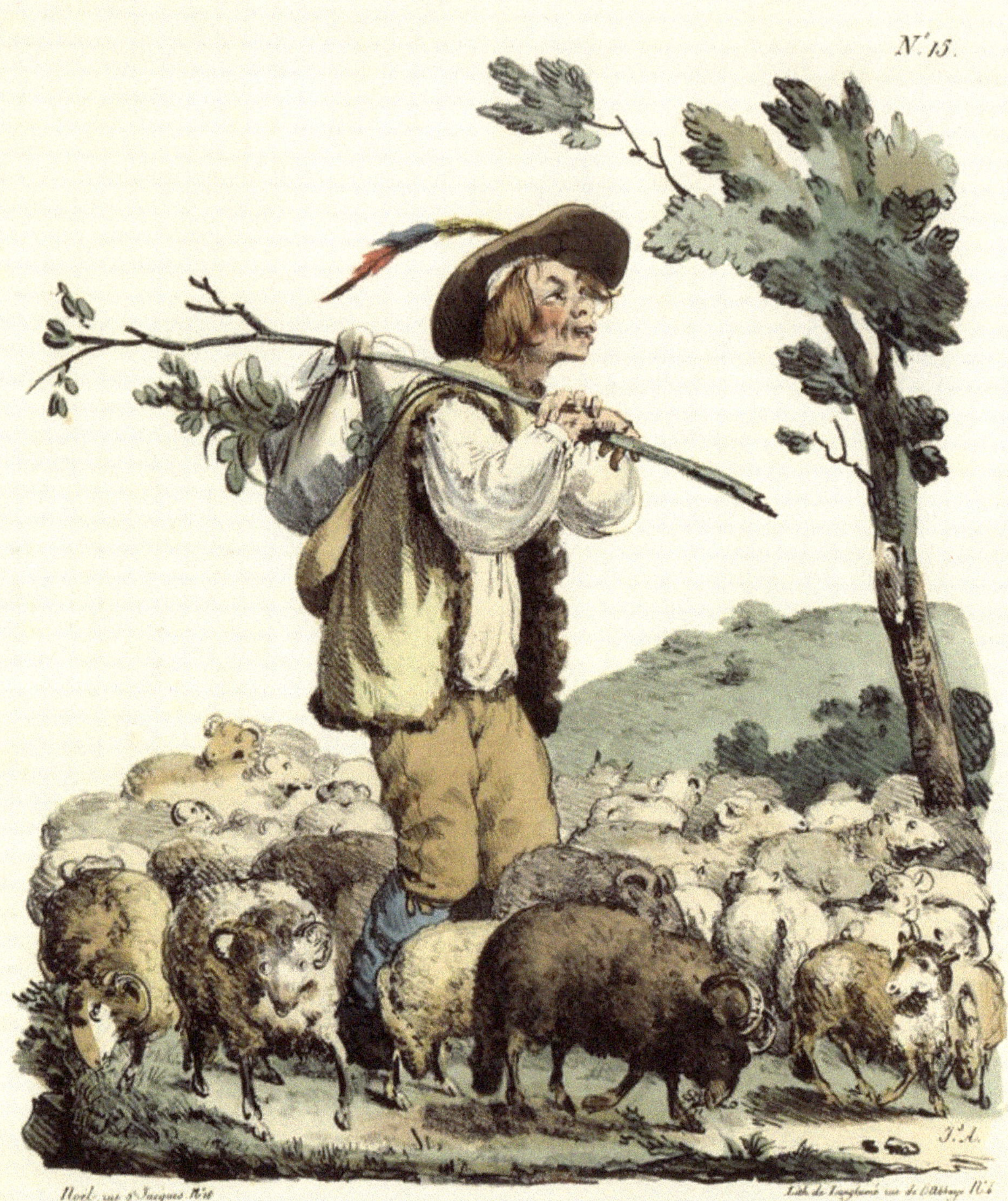

Noël, rue S.t Jacques N.° 16 — Lith. de Langlumé rue de l'Abbaye N.° 4

99 moutons et un Champenois font 100.

Noël et Dauty éditeurs, G.rie de Nemours Palais Royal

N.° 15.

99 *Moutons et un Champenois font* 100 *bêtes.*

LORSQUE César fit la conquête des Gaules, le principal revenu de la Champagne consistait en troupeaux de moutons, qui payaient au fisc un impôt en nature; mais, sur les représentations des pauvres cultivateurs, on exempta de la taxe tous les troupeaux au-dessous de cent bêtes. Pour n'avoir rien à payer du tout, les Champenois ne passaient jamais le nombre de quatre-vingt-dix-neuf. Mais César, instruit de la ruse, ordonna qu'à l'avenir le berger de chaque troupeau serait compté pour un mouton, et payerait comme tel. Voilà, dit-on, l'origine de ce Proverbe. (D. d. P.)

Plus probablement cette façon de parler vient de *Campanus*, qui veut dire Champenois; ce mot est l'homonyme de *Campanus*, habitans de l'ancienne Campanie. Les Campaniens passaient pour des sots, comme les Béotiens, dont le nom signifie *demeure du bœuf.*

N° 16

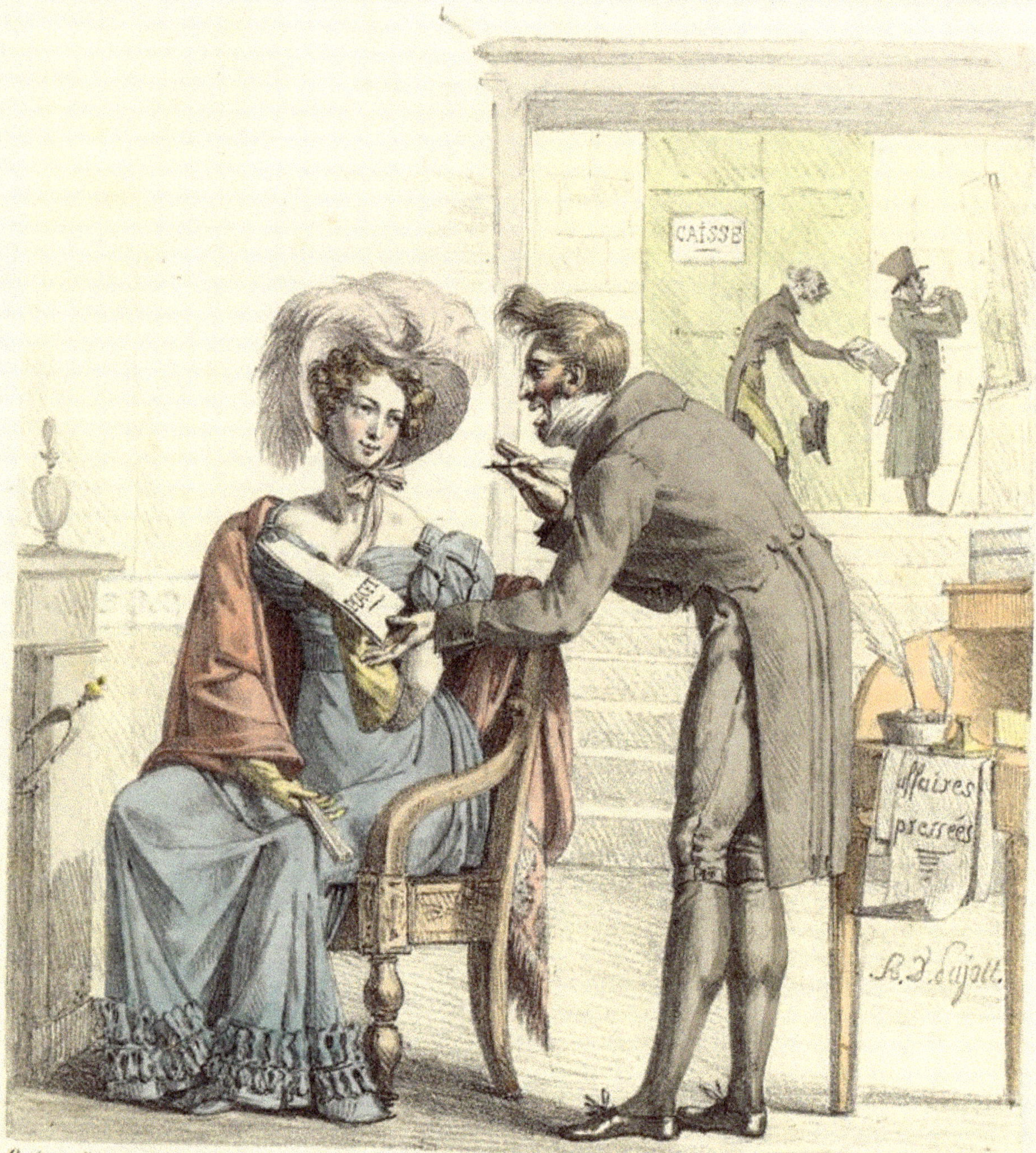

Noël rue S.t Jacques N.o 16

Lith. de Langlumé r. de l'Abbaye N.o 4

Selon les gens l'encens.

Noël et Dauty, éditeurs G.ie de Nemours Palais Royal

N.° 16.

Selon les gens l'encens.

VOULEZ-VOUS des places? Ayez des protecteurs; ayez sur-tout de jolies protectrices. J'ai vingt titres à présenter pour obtenir cette charge que j'ai vainement sollicitée jusqu'ici; je cours faire un dernier effort. . . . . Je suis éconduit; on l'a fait avec politesse, avec quelques égards; mais les égards et la politesse de ces Messieurs ne me donnent pas du pain. M. Saint-Léon demande une audience pour le même motif que moi. Jusqu'à présent sa vie s'est écoulée dans l'oisiveté; n'importe, il sollicite. Il peut se présenter; mais, par malheur, la goutte le tient attaché à son fauteuil; sa jolie demoiselle se présente pour lui; le cabinet reste long-temps fermé; Mademoiselle ne sort pas encore : elle a obtenu. . . . un refus sans doute. . . . La voilà; ses yeux sont rouges, sa coiffure en désordre; pauvre petite, tu as fait une démarche inutile. . . . Non, le lendemain son père est placé; et, chose étonnante, il n'a plus la goutte : la course de sa fille l'a guéri.

Le Dessinateur de ce Proverbe a représenté le cabinet d'un Ministre; c'est une faute. Là, le mérite seul l'emporte sur l'intrigue. Peut-être autrefois était-ce autrement.

N° 17

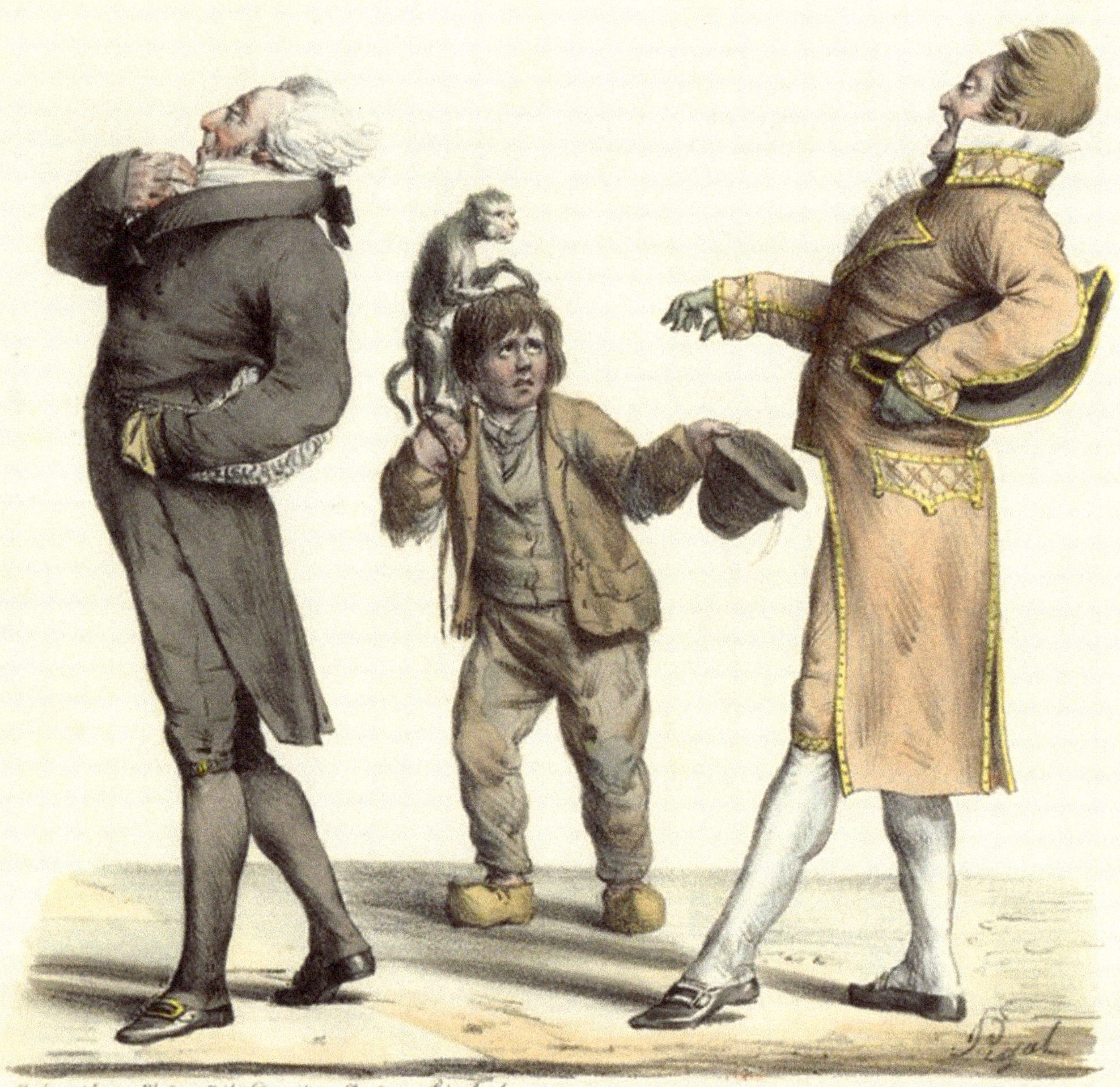

Tel maître, tel valet.

N.° 17.

Tel maître tel valet.

Le meilleur moyen de plaire à quelqu'un n'est pas toujours de prôner sa franchise, sa bravoure, sa libéralité, ses vertus. Il est une route plus simple que suivent presque toujours ces valets maîtres, qui tirent tous leurs honoraires des sottises de ceux auxquels ils ont l'air d'obéir.

Il ne garde pas long-temps un domestique probe, ce joueur effréné qui s'expose, dans une nuit, à ruiner sa jeune épouse ou à déshonorer son vieux père.

Elle s'empresse aussi de renvoyer sa suivante moraliste, cette jeune épouse que l'appât seul des richesses a fait consentir à un lien qu'elle a cessé de respecter.

Depuis combien de temps servez-vous M. Dorimont? — Depuis huit ans. — Je connais sa passion pour le jeu; je sais ce que vous valez, Hector.... — Et vous, Mademoiselle, êtes-vous depuis long-temps au service de madame de R....? — Depuis quatre ans. — C'est bon; je puis vous offrir ma bourse en échange d'un autre service; vous l'accepterez.... Ah! vous voilà, Picard! Qui servez-vous? — Toujours M. le comte de L. — Je l'aurais deviné à votre insolence, et à cet air de dédain avec lequel vous avez chassé ce mendiant qui s'est approché de vous : *Tel maître tel valet.*

Le Glorieux de Destouches appuie fortement ce Proverbe. Je ne me rappelle pas si cet hémistiche s'y trouve. Les meilleures vérités sont celles de tous les temps.

N° 18

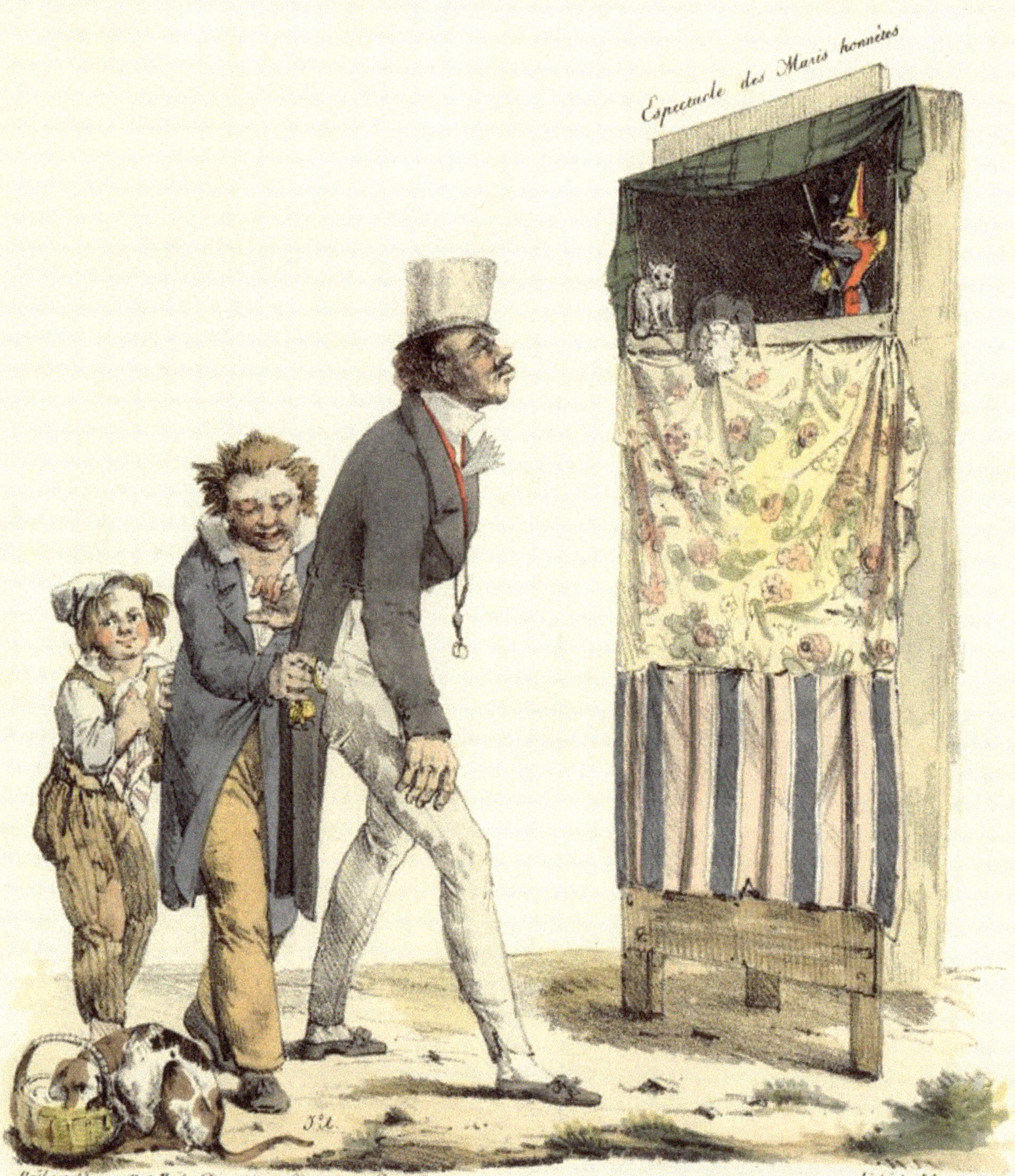

Noël rue S. Jacques N° 16. Noël et Dauty éditeurs G.ie de Nemours Palais Royal

Lith. de Langlumé

L'occasion fait le larron

N.° 18.

L'occasion fait le larron.

A quoi bon tenter un homme? A quoi bon mettre sa vertu à l'épreuve? Est-ce qu'il y en a trop dans le monde? . . . Ce Proverbe nous vient des Espagnols, qui ont dit avec vérité : *Maison ouverte fait pécher la justice même.*

Tel honnête homme, accablé par le besoin, en proie à toute espèce de tribulation, a vu sa vertu chanceler à l'espoir d'un bénéfice illicite qui pouvait arracher sa famille au désespoir. Éviter les occasions dangereuses est d'une âme prudente; les provoquer et les vaincre est d'une âme forte. Il est à demi vertueux celui qui fuit les occasions de tomber.

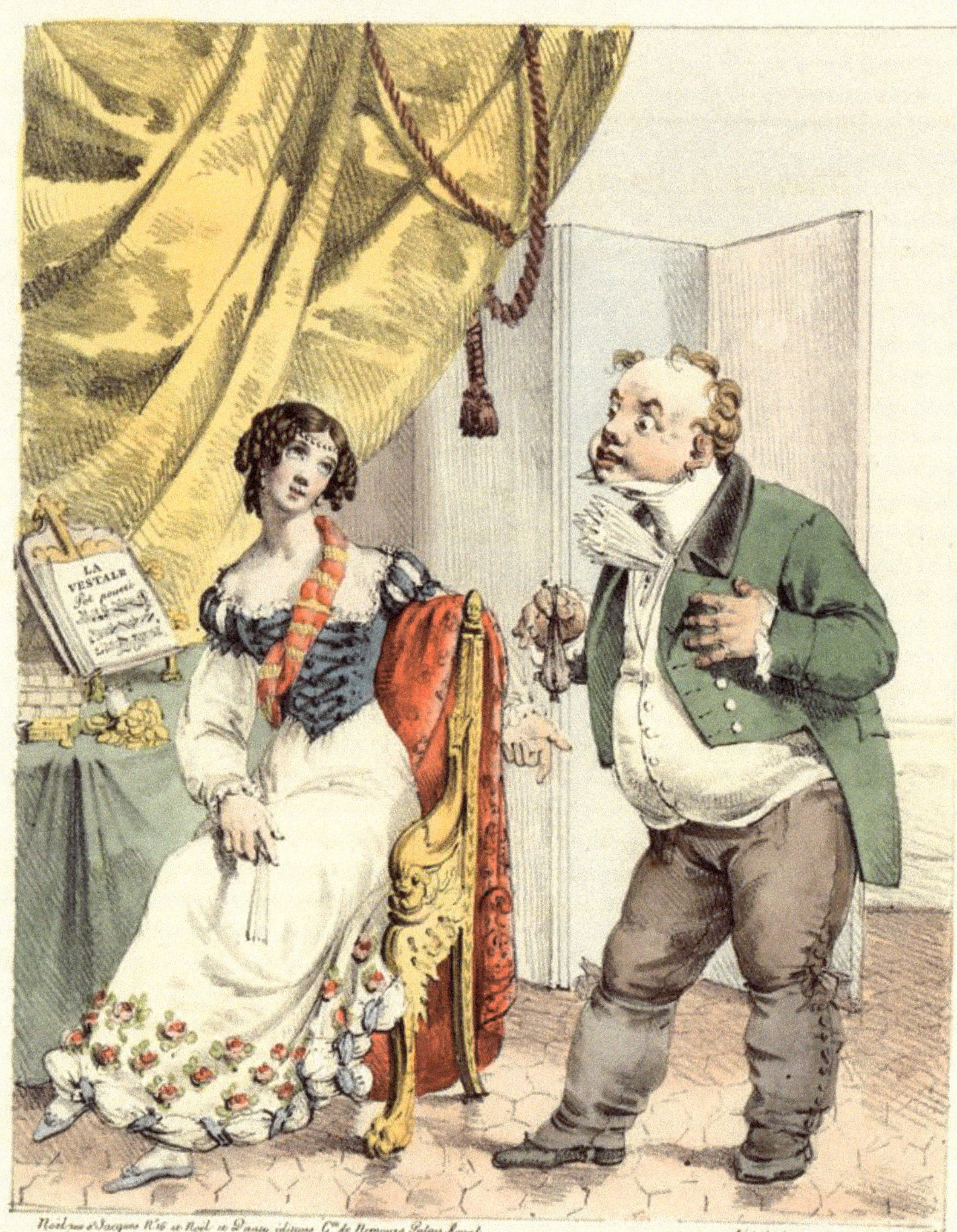

Noël rue S.t Jacques N.° 16 et Noël r. Dauphine éditeurs G.ie de Nemours Palais Royal

Lith. de Langlumé r. de l'Abbaye N.° 4

Battons le fer tandis qu'il est chaud.

N.° 19.

Battons le fer tandis qu'il est chaud.

C'est-a-dire qu'il faut prendre l'occasion aux cheveux quand elle se présente conforme à nos désirs, et que le temps est favorable à nos desseins.

Ce que tu peux maintenant ne diffère
Au lendemain comme le paresseux;
Et garde aussi que tu ne sois de ceux
Qui par autrui font ce qu'ils pourraient faire.

Tel est le quatrain inspiré à un ancien poëte par le proverbe ci-dessus. Le style en est vieux; mais on dirait que la *pointe* est faite de nos jours, et elle ne serait pas déplacée dans un de nos vaudevilles à la mode. Il est inséré dans un ouvrage de Fleury de Bellingen, de 1656, intitulé : *Etymologie ou Explication des Proverbes Français*. Ce qu'il y a de plaisant dans ce livre, c'est que malgré le titre, on ne trouve dans cet in-8.° que l'étymologie de deux ou trois Proverbes.

N. 20

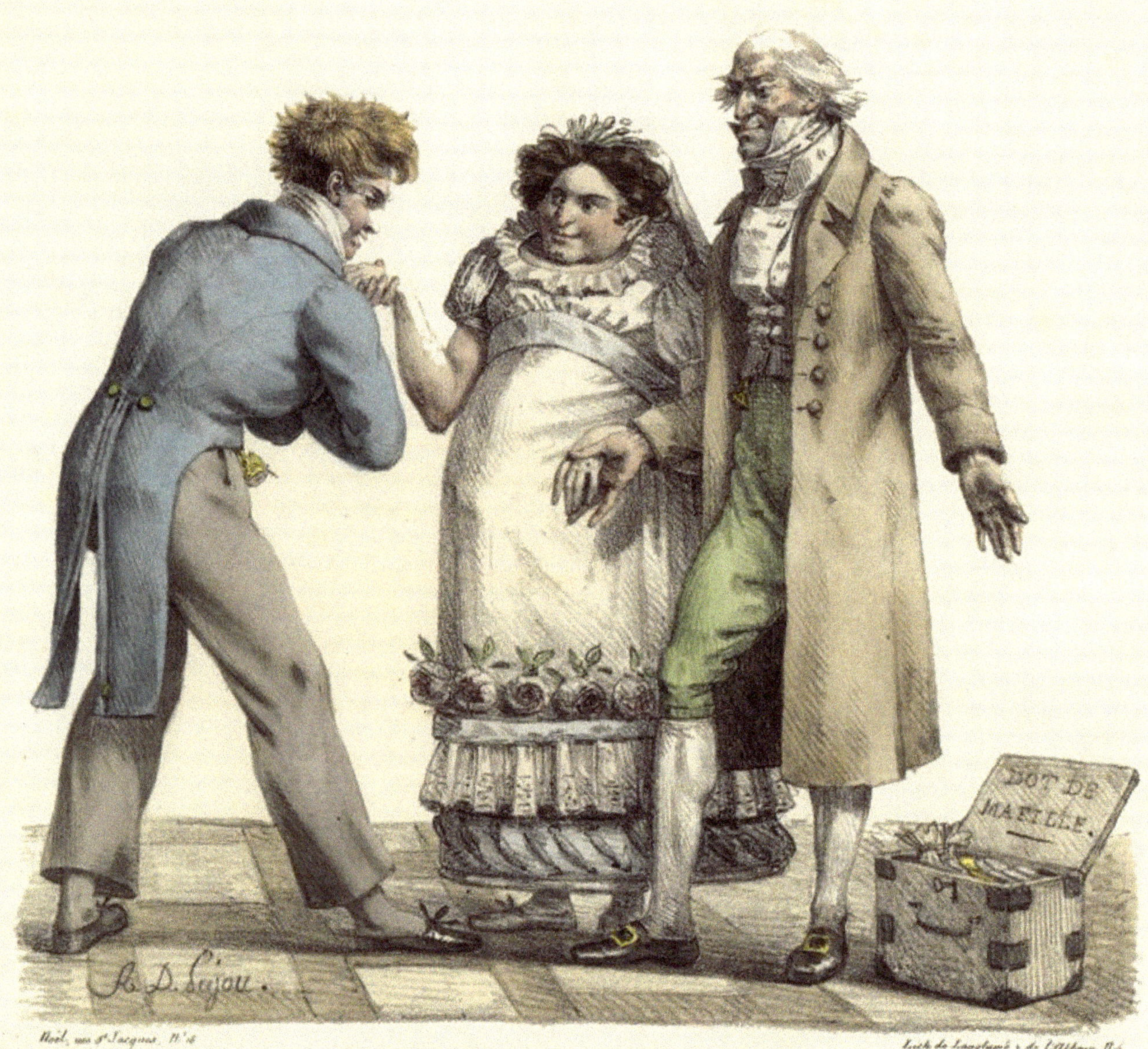

Noël, rue S.t Jacques, N.° 16 Lith. de Langlumé r. de l'Abbaye N.° 4

Il n'est si vilain pot qui ne trouve son couvercle.

Noël et Dauty, éditeurs Galerie de Nemours Palais royal.

N.° 20.

Il n'y a si méchant pot qui ne trouve son couvercle.

Les Italiens ont dit avant nous : *Chaque chat à son Janvier.* J'ai vainement cherché dans Backer, Fleury de Bellingen ou Jos. Panckoucke l'étymologie de ce Proverbe, qui n'est pas moins vrai aujourd'hui qu'il ne l'était il y a deux cents ans.

La fille de M. Florval est d'une laideur repoussante; son caractère et ses minauderies sont insupportables : n'importe; elle a une bonne dot : elle se marie. Mademoiselle de Dorimond, dont la conduite, comme chacun le sait, n'a pas toujours été à l'abri du reproche, s'est aussi mariée avant hier; et cela parce que son père vient d'être nommé receveur général de son département : *Il n'y a si méchant pot qui ne trouve son couvercle.*

N° 21

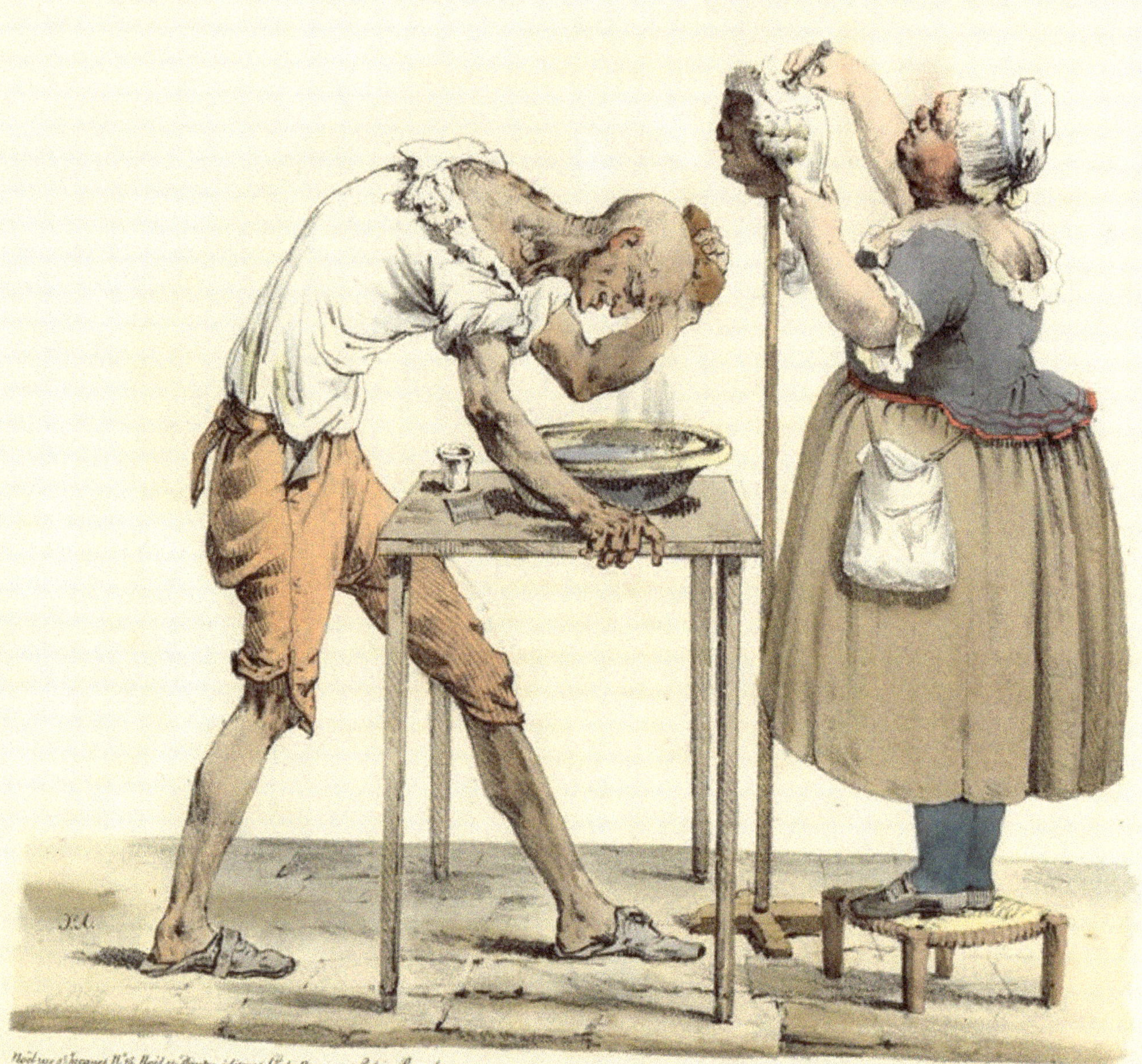

Noël rue S. Jacques N° 16. Noël et Dauty éditeurs, G. de Nemours Palais Royal

Lith. de Langlumé

La propreté est une demi vertu.

N.° 21.

La propreté est une demi-vertu.

Ce Proverbe nous vient de Saint Augustin.

« Ne confondons jamais la propreté avec la coquetterie : car, dit-il, la première » est une demi-vertu, si l'autre est un demi-vice ».

Que de coquettes qui, de nos jours, se servent du prétexte de propreté pour cacher leur recherche et leur goût pour le luxe! Dès que vous entendez une jeune personne dire : Oh! moi, je hais les chiffons; je mets de petits chapeaux bien simples, mais de la bonne faiseuse; mes colerettes ne sont pas recherchées, j'aime un linge blanc et fin, et cela parce que je veux, avant tout, de la propreté; dites aussitôt : Cette personne est une coquette, elle ne rêve que parure.

N° 22

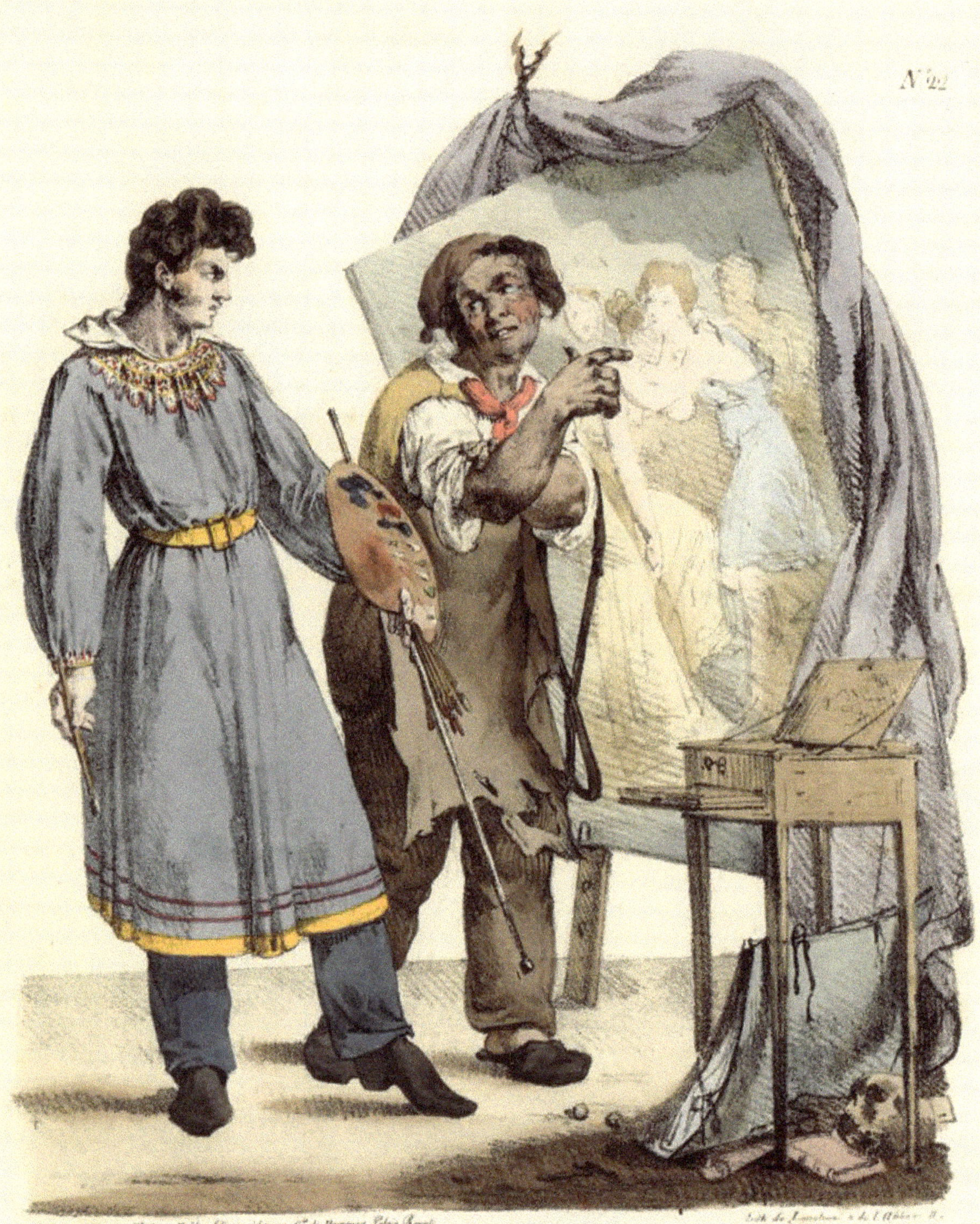

Chacun son métier.

N.° 22.

Chacun son métier.

On raconte qu'un célèbre peintre ancien, ayant exposé publiquement un de ses tableaux, écoutait, derrière un rideau, les critiques qui en étaient faites, et rectifiait, la nuit, les défauts qu'on avait signalés la veille. Un faiseur de sandales blama la manière dont le peintre avait chaussé une de ses figures; et comme le lendemain ce défaut avait disparu, le cordonnier, fier de son triomphe, osa blâmer la jambe et la cuisse de l'académie; mais le peintre parut, et lui imposa silence, en lui disant : *Ne sutor ultrà crepidam; Cordonnier, ne t'élève pas plus haut que le soulier.* Nous en avons fait *Chacun son métier.*

Que de choses qui ne clocheraient pas dans le monde, si, en effet, chacun ne se mêlait que de ce qui le regarde! On ne verrait pas des Ministres. . . . . . Il y en aurait trop long à raconter.

N.° 23

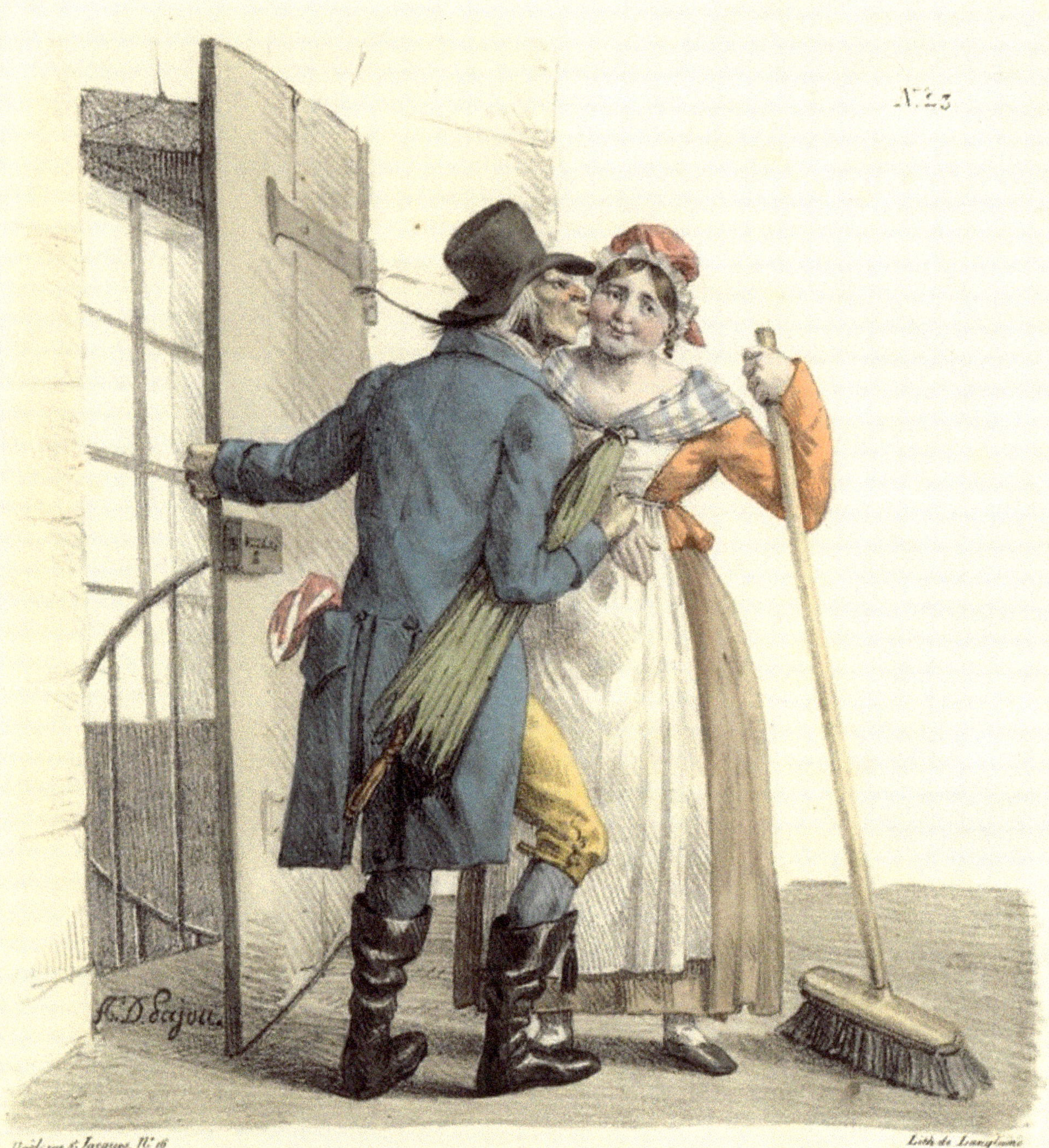

Noël, rue S.t Jacques, N.o 16 Lith. de Langlumé

On prend son bien ou on le trouve

Noël et Dauty éditeurs, Galerie de Nemours, Palais royal

N.° 23.

On prend son bien où on le trouve.

Ce Proverbe offre beaucoup d'exceptions, et, si tous recevaient autant de démentis, il est certain qu'on aurait tort de les appeler *la sagesse des nations.*

Les Espagnols disent, avec plus d'imperfection que nous : *Tout ce que je trouve dans mon quartier est à moi.* Que de gens chez nous qui trouvent dans leur quartier, et qui gardent ce qui ne leur appartient pas! . . . Que d'auteurs de gros volumes qui seraient réduits à quelques pages s'ils restituaient aux anciens les larcins qu'ils leur ont fait! Que de vieilles coquettes réduites à peu de chose, si elles rendaient au dentiste, au parfumeur, au faiseur de corsets ce qu'elles en ont reçu *pour réparer des ans l'irréparable outrage!*

N.° 24.

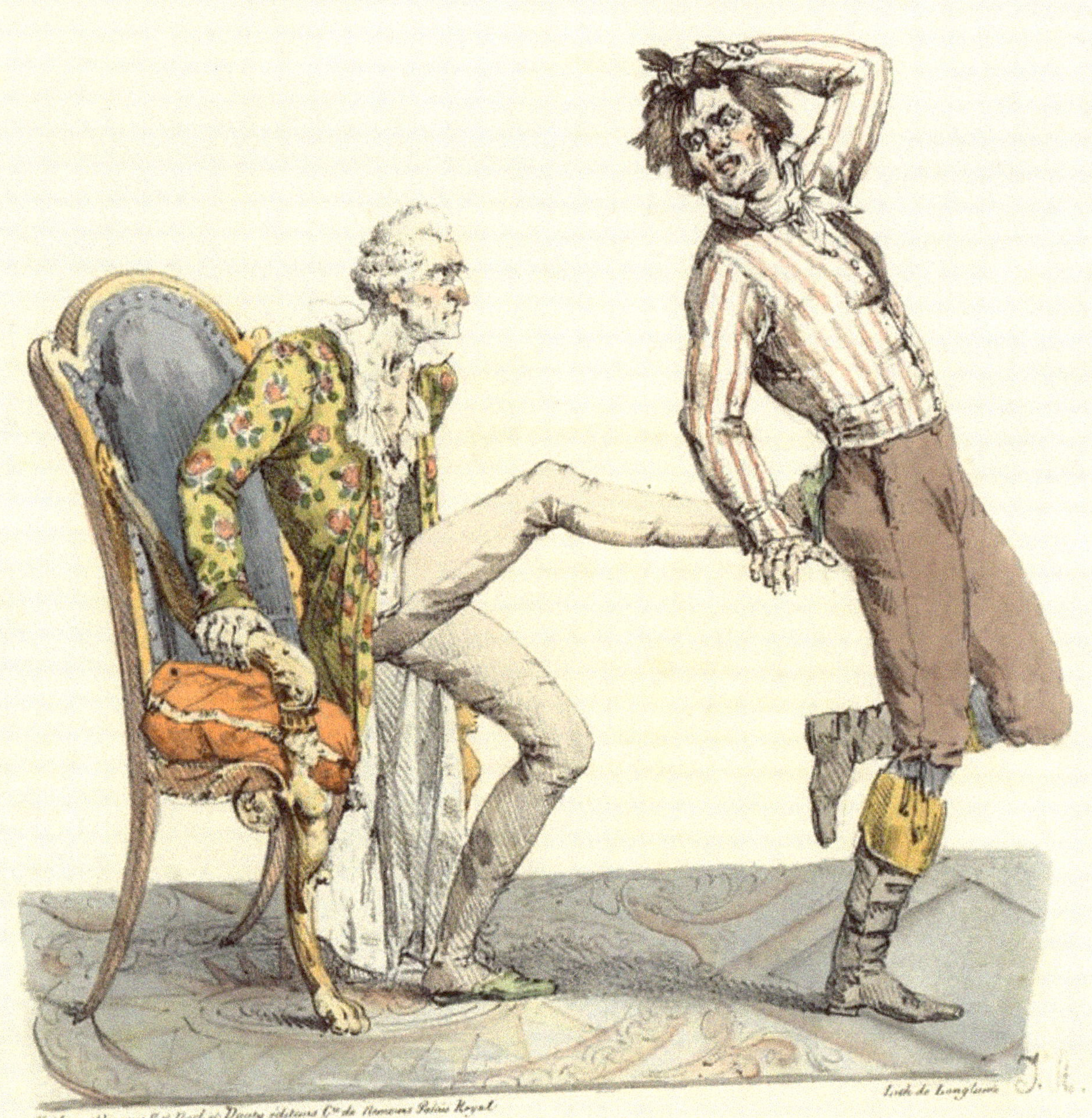

Noël, rue St Jacques N.o 16, Noël et Dauty éditeurs G.ie de Nemours Palais Royal — Lith. de Langlumé

Les hommes se prennent par la douceur.

N.° 24.

Les hommes se prennent par la douceur.

Plus fait douceur que violence, a dit La Fontaine, qui n'a presque rien laissé à dire aux autres.

Le dessinateur qui a représenté ce Sujet a mieux aimé donner la contre-vérité de ce Proverbe, presque toujours mise en action par la force orgueilleuse contre la faiblesse sans défense.

J'ai beaucoup voyagé, et, chez les peuplades sauvages de la mer du Sud, si j'ai échappé à des dangers imminens, c'est qu'au-lieu de me servir, contre les Naturels, des armes meurtrières que nous devons à notre civilisation, presque toujours j'ai répondu à des actions hostiles par des témoignages de bienveillance et d'amitié.

N.° 25

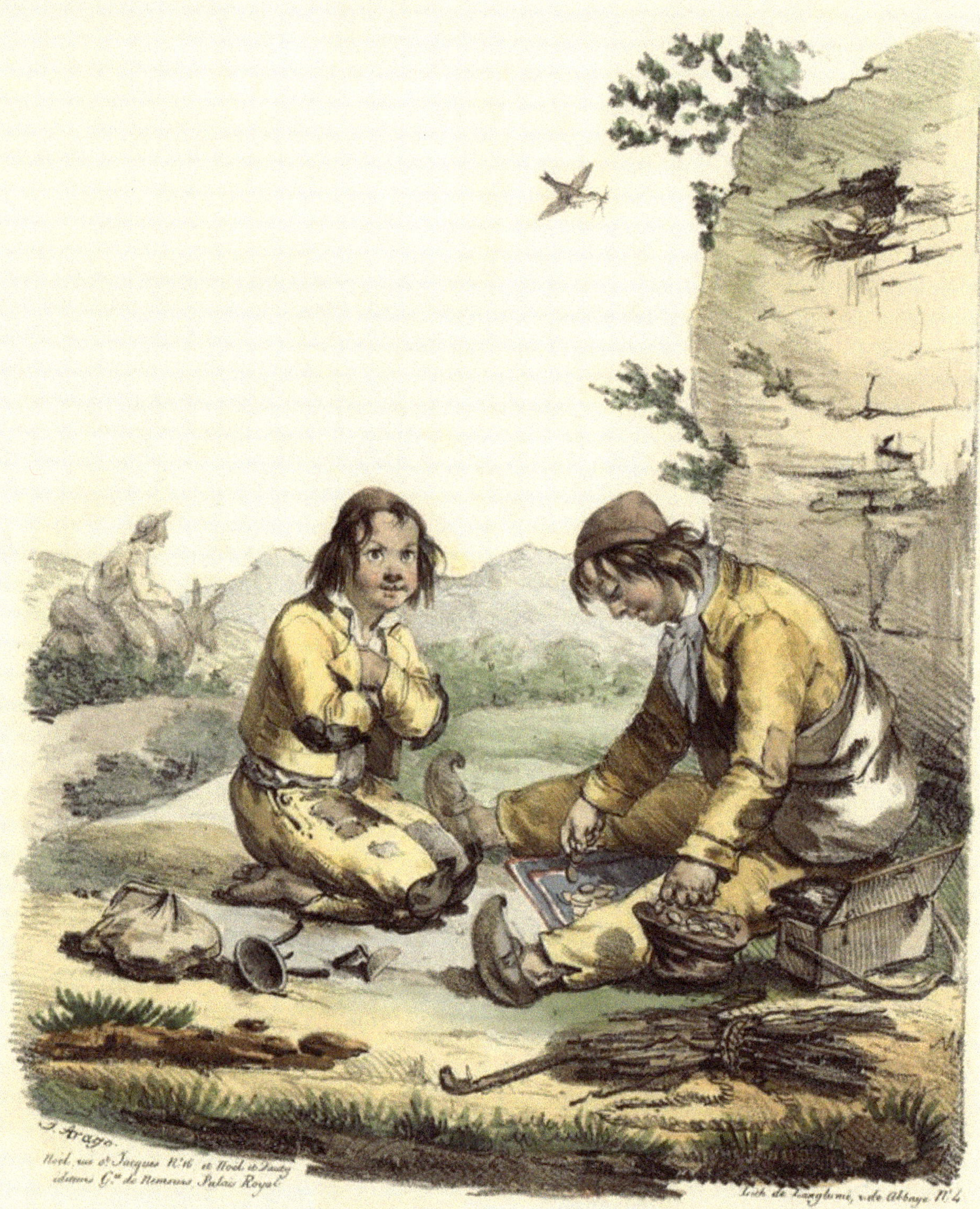

Petit à petit l'oiseau fait son nid.

N.° 25.

Petit-à-petit l'oiseau fait son nid.

Ce Proverbe est de tous les pays; mais j'en ai vainement cherché l'étymologie. « Tiens, Gabriel, dit la bonne vieille des Alpes à son plus jeune enfant qui part pour Paris; tiens, mon fils, voilà un petit caisson renfermant une marmotte; cache avec soin ce boursicaut où j'ai mis deux gros écus, trois pièces de douze sous et quelque petite monnaie; reçois ma bénédiction, et trotte. Tu vas gagner de l'argent gros comme les deux poings; ménage-le, et songe bien que ta sœur, toute jolie qu'elle était, n'a pu se marier qu'à vingt-six ans, tant les riches sont devenus avares, et tant les dernières saisons ont été rudes en France. Viens, que je t'embrasse; souviens-toi du Proverbe : *Petit-à-petit l'oiseau fait son nid;* travaille et économise : adieu. Le jeune Gabriel part seul, à pied; s'arrête peu dans les grandes cités, beaucoup dans les villages. Il passe ses journées avec gaîté, quoique ne se nourrissant que de pain, d'eau, et de quelques fruits non choisis. Il arrive à Paris; il ramone une cheminée, il tombe; un honnête artisan a pitié de lui et le secourt. La reconnaissance fait de Gabriel un serviteur plein de zèle et de soins; son bienfaiteur est malade; il le soigne avec un désintéressement si parfait, que la jeune Rose, fille de l'artisan, éprouve une de ces profondes émotions qui décident du bonheur ou du malheur de la vie. Le père de Rose est guéri; il soumet Gabriel à de nouvelles épreuves, et, tranquille sur l'avenir de son enfant, il l'unit à celle qu'il aime. Ma pauvre mère me l'avait bien dit, s'écrie Gabriel, en embrassant Rose pour la première fois : *Petit-à-petit l'oiseau fait son nid;* et ta mère te le répète, s'écrie la bonne vieille, qu'on avait fait venir pour assister à la noce. . . . Quelle joie pour toute la famille! . . . .

N° 26

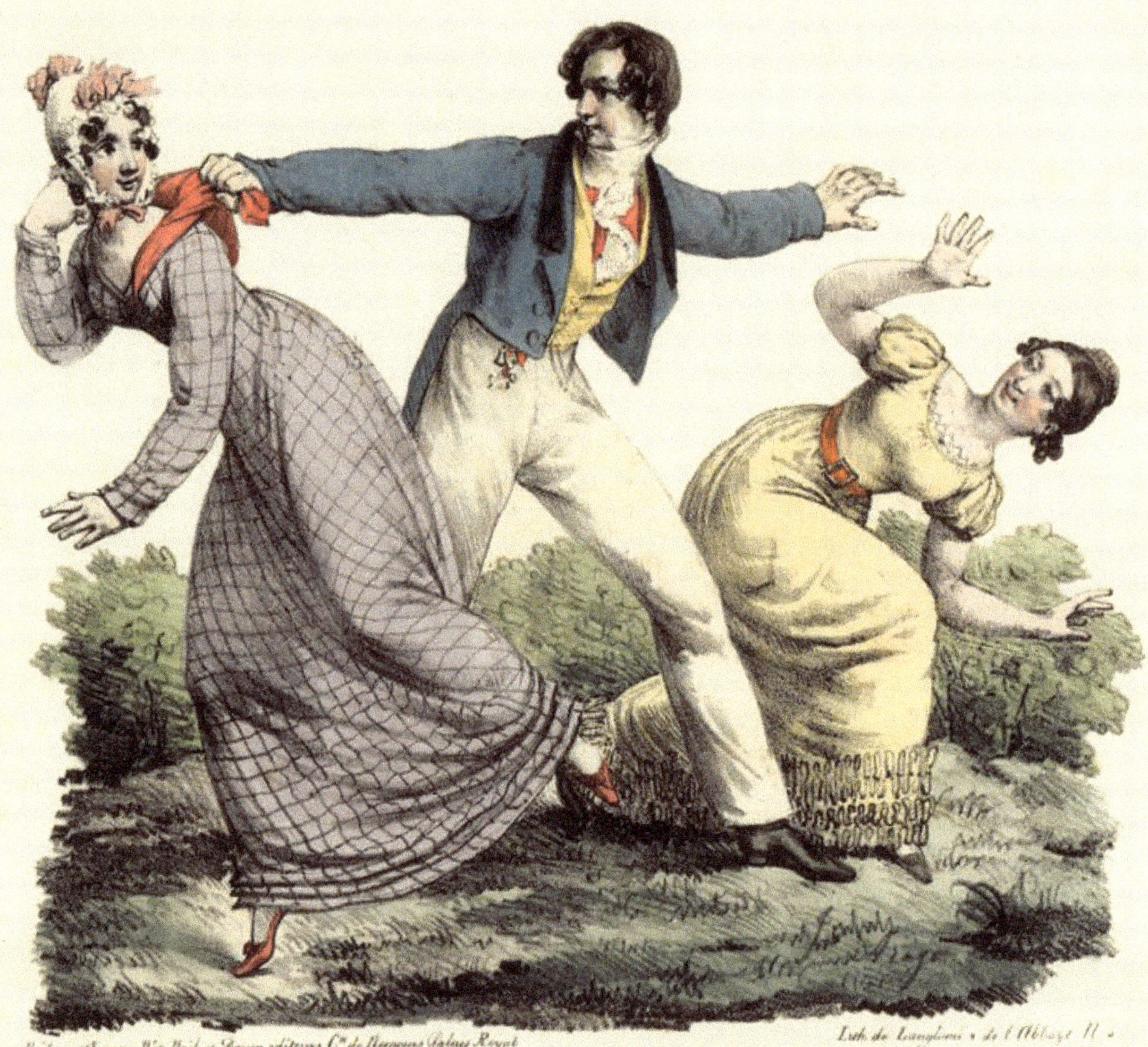

Noël, rue S.t Jacques N° 16. Noël et Dauzy éditeurs G.rie de Nemours Palais Royal — Lith. de Langlumé r. de l'Abbaye N. 4

On ne court pas deux lievres a la fois

N.° 26.

On ne court pas deux lièvres à-la-fois.

Ce Proverbe est dans la bouche de tout le monde; et, par le temps qui court, rien n'est original comme de l'entendre prononcer par certaines gens. Je connais un de ces hommes intrépides, *audacieux et fluets*, dont l'occupation quotidienne est de voler d'un ministère à l'autre, d'assiéger tous les chefs de bureau, tous les surnuméraires, sans cependant *lâcher jamais la côtelette;* et qui, sans le plus léger droit aux faveurs du Gouvernement, vont, déchirant ceux-ci, calomniant ceux-là, mendier des emplois, quêter des honneurs, solliciter des titres.

La fortune est aveugle; et soit que dans les bureaux on eût voulu récompenser des services, et qu'on se fût trompé de dossier; soit qu'en effet on eût enfin consenti à accorder à la persécution ce qui ne revient qu'au mérite; trois ministères à-la-fois donnèrent des places au solliciteur. Forcé d'en refuser deux, on chercha le motif de cet outrage d'une espèce nouvelle. Les personnages dédaignés sollicitèrent à leur tour le renvoi de leur protégé, qui perdit la place qu'il avait gardée, le lendemain même de son installation.

En amour, *on court souvent deux lièvres à-la-fois;* ici, ce n'est pas si dangereux; et il devient assez rare qu'on n'en attrape pas au-moins un : c'est ce que m'assurent quelques jeunes présomptueux.

N.° 27

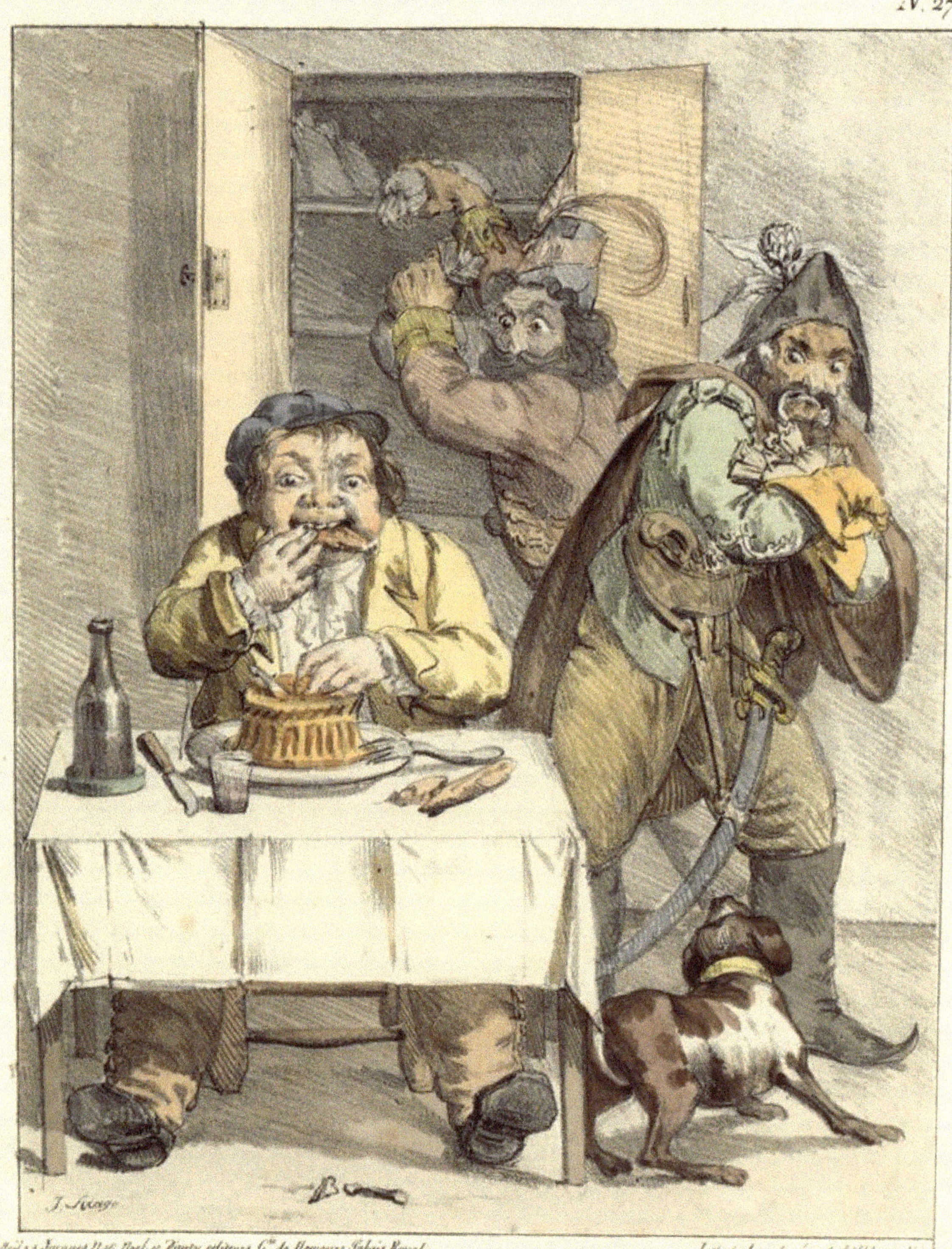

Noël r. S. Jacques N.16 Noël et Dauty éditeurs G.ie de Nemours Palais Royal

Lith. de Langlumé r. de l'Abbaye N.4

Ventre affamé n'a pas d'oreilles.

N.° 27.

Ventre affamé n'a pas d'oreilles.

Il y a beaucoup de philosophie dans ce Proverbe, et ce n'est pas tant pour le gastronome que pour l'ambitieux qu'il a été créé. Voyez ce Crésus, qui doit toute sa fortune à de sales combinaisons, à des spéculations sur la misère publique; il est millionnaire aujourd'hui, et le repos, après tant de fatigues, devrait avoir un double attrait pour lui. . . . Eh bien! pas du tout; il est toujours plongé dans les chiffres; il ne rêve que trésors, et il justifie le Proverbe : *Ventre affamé n'a pas d'oreilles.*

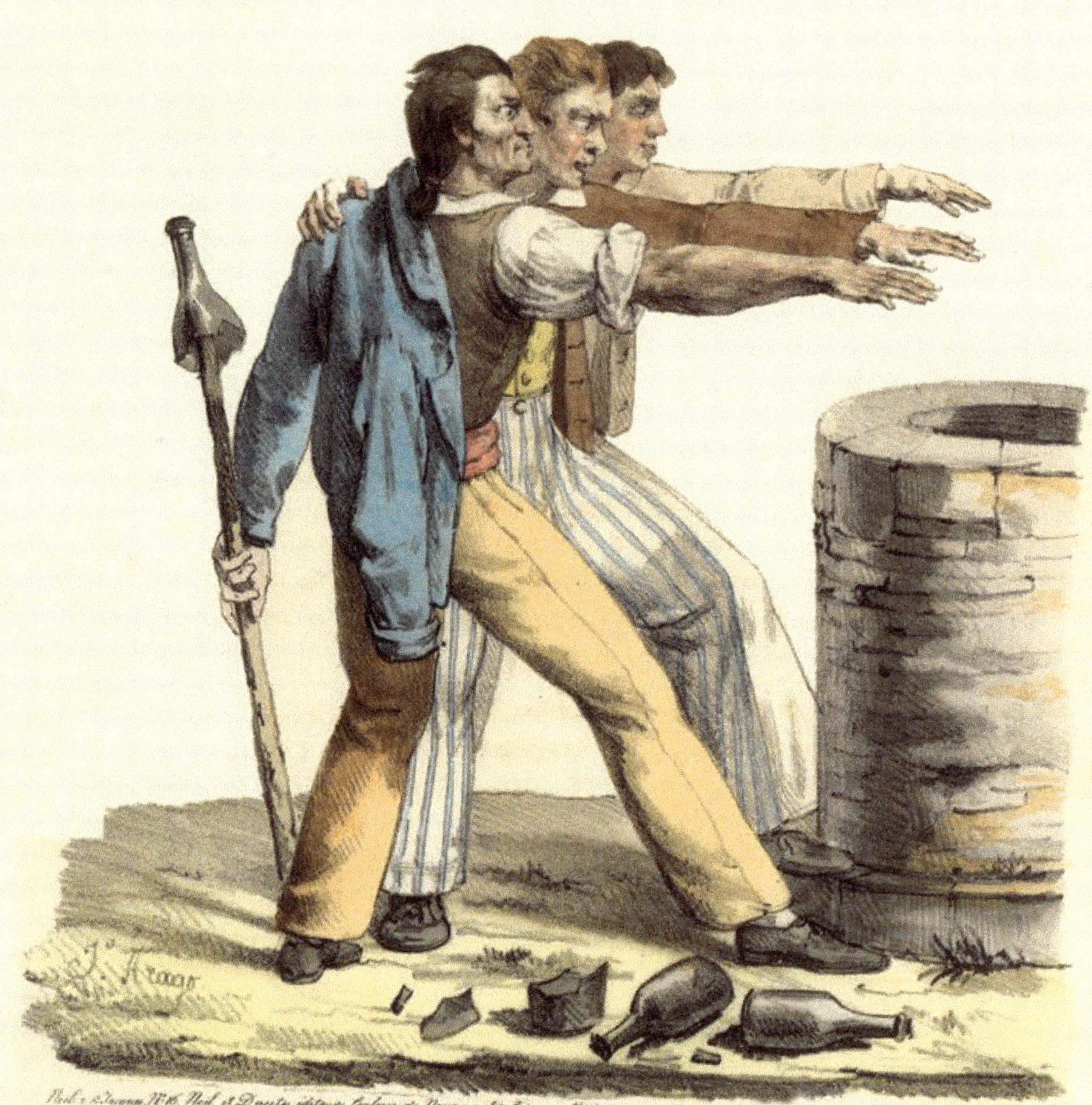

Noël, r. S. Jacques, N° 16. Noël et Dauty éditeurs, Galerie de Nemours, Palais royal. Lith. de Langlumé

Qui a bu, boira!

Serment d'ivrogne

N.° 26.

On ne court pas deux lièvres à-la-fois.

Ce Proverbe est dans la bouche de tout le monde; et, par le temps qui court, rien n'est original comme de l'entendre prononcer par certaines gens. Je connais un de ces hommes intrépides, *audacieux et fluets*, dont l'occupation quotidienne est de voler d'un ministère à l'autre, d'assiéger tous les chefs de bureau, tous les surnuméraires, sans cependant *lâcher jamais la côtelette;* et qui, sans le plus léger droit aux faveurs du Gouvernement, vont, déchirant ceux-ci, calomniant ceux-là, mendier des emplois, quêter des honneurs, solliciter des titres.

La fortune est aveugle; et soit que dans les bureaux on eût voulu récompenser des services, et qu'on se fût trompé de dossier; soit qu'en effet on eût enfin consenti à accorder à la persécution ce qui ne revient qu'au mérite; trois ministères à-la-fois donnèrent des places au solliciteur. Forcé d'en refuser deux, on chercha le motif de cet outrage d'une espèce nouvelle. Les personnages dédaignés sollicitèrent à leur tour le renvoi de leur protégé, qui perdit la place qu'il avait gardée, le lendemain même de son installation.

En amour, *on court souvent deux lièvres à-la-fois;* ici, ce n'est pas si dangereux; et il devient assez rare qu'on n'en attrape pas au-moins un : c'est ce que m'assurent quelques jeunes présomptueux.

N.° 29

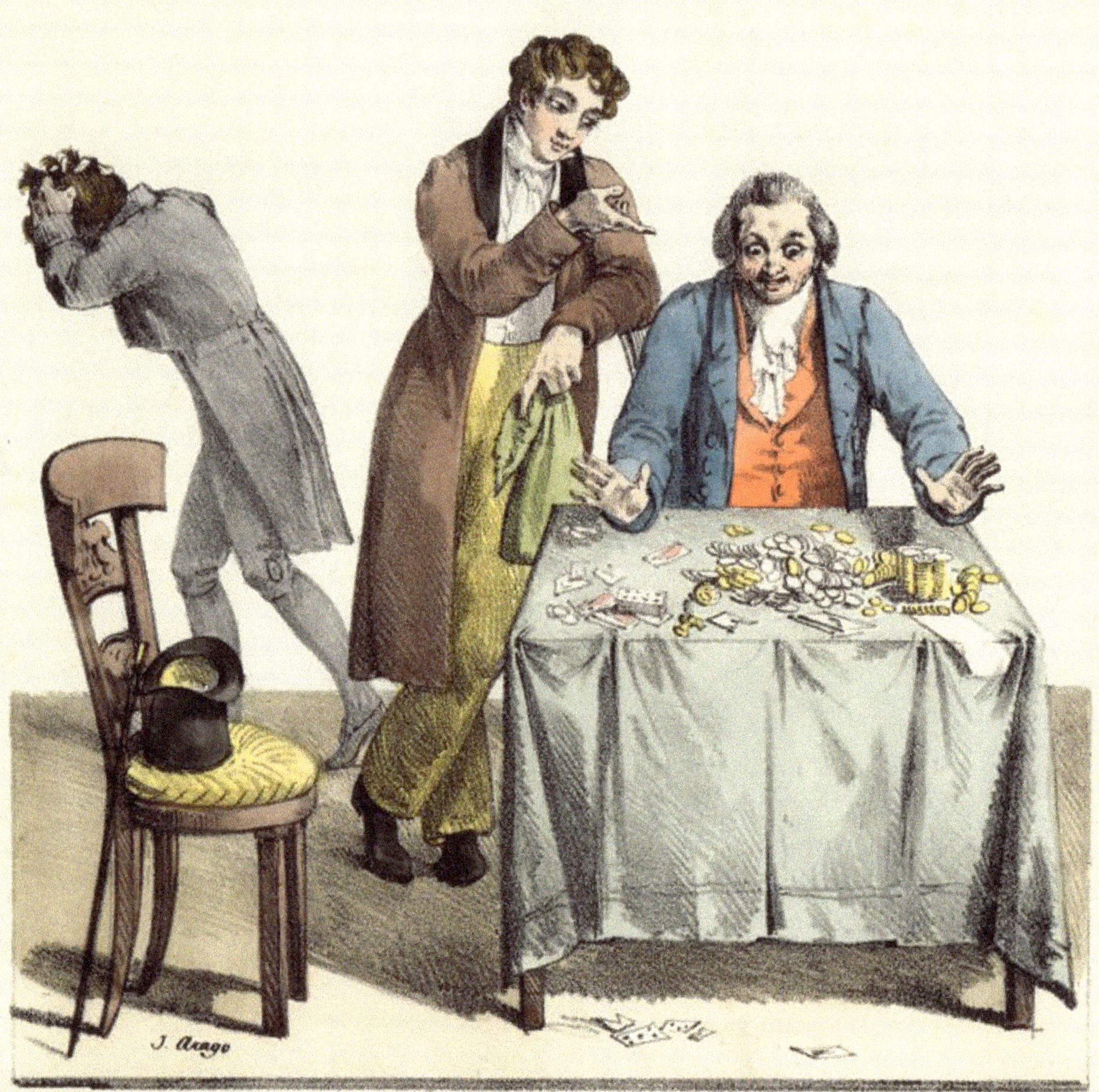

Noël, rue S.t Jacques N.° 16. Noël et Dauty éditeurs, G.rie de Nemours, Palais royal

Lith. de Langlumé

Tel qui rit vendredi, dimanche pleurera.

N.° 29.

Tel qui rit vendredi, dimanche pleurera.

Ce vers de Racine, dans la comédie des Plaideurs, est devenu Proverbe, et il signifie qu'il ne faut pas trop se réjouir dans la bonne fortune. Vous voyez ce père de famille, fier d'une chance heureuse dans un de ces repaires que notre Gouvernement autorise et encourage : il vient de rejoindre sa famille à laquelle il peut maintenant assurer une honnête aisance; eh bien! demain, à la même heure, attiré par l'espoir de plus grands bénéfices, il aura perdu sa fortune, son repos, son avenir. C'est sur-tout aux joueurs que s'adresse le plus souvent ce vers : *Tel qui rit vendredi, dimanche pleurera.*

N° 30.

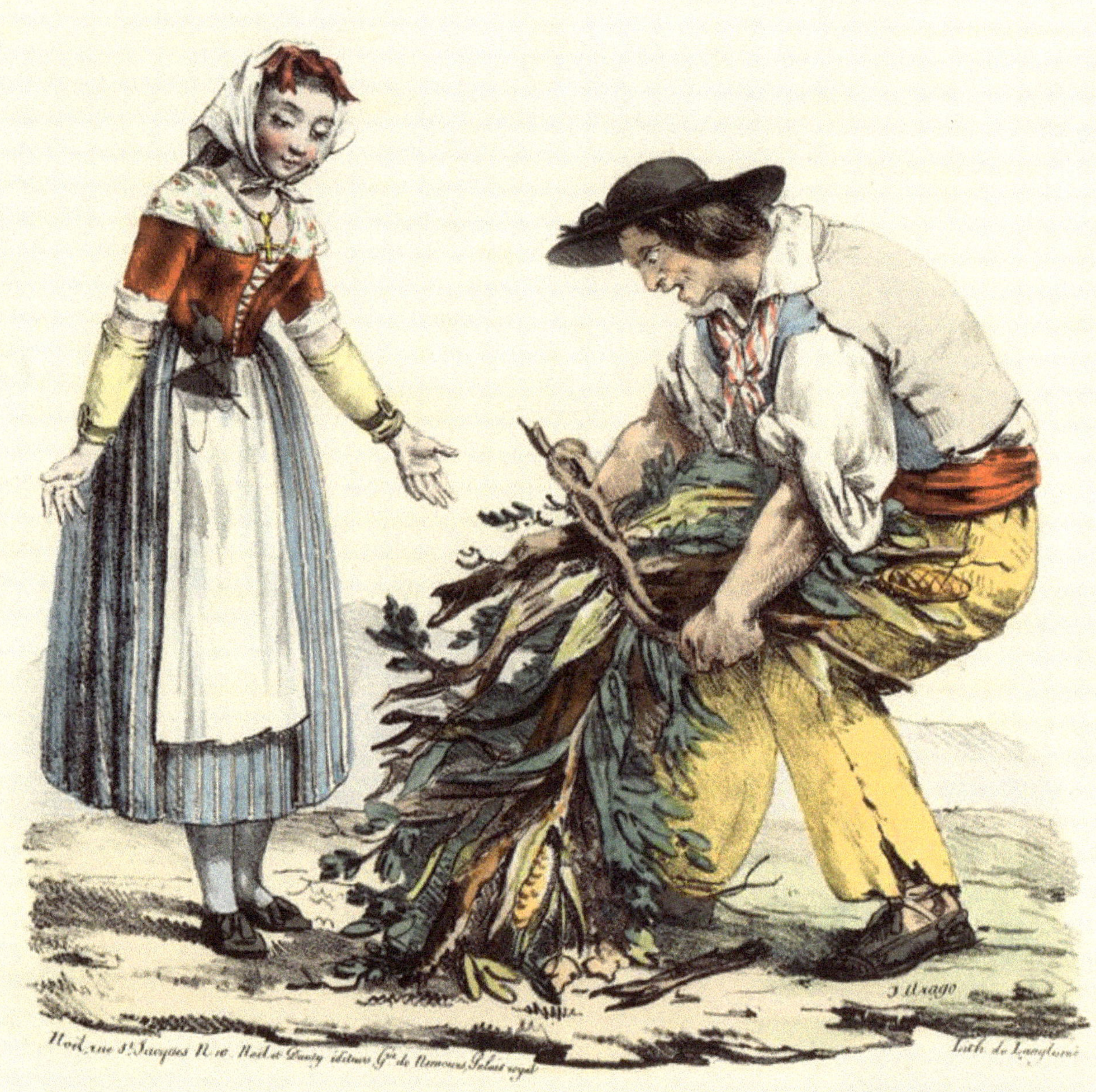

Noël, rue S.t Jacques N.° 10. Noël et Dauty éditeurs G.ie de Nemours, Palais royal — Lith. de Langlumé

Qui trop embrasse mal étreint

N.° 30.

Qui trop embrasse mal étreint.

QUEL exemple fameux de la vérité de ce Proverbe n'avons-nous pas vu de nos jours ! L'Italie, l'Espagne, les Pays-Bas, la Suisse, dix autres Puissances baissaient leur pavillon devant le génie d'un homme. *Il étouffait,* disait-il, *dans cette vieille Europe ;* il veut tout embrasser, il pert tout ; il meurt sur un rocher !...

On voit peu de petits négocians faire faillite ; les grandes maisons seules manquent. Et la raison ? — C'est que *Qui trop embrasse mal étreint.*

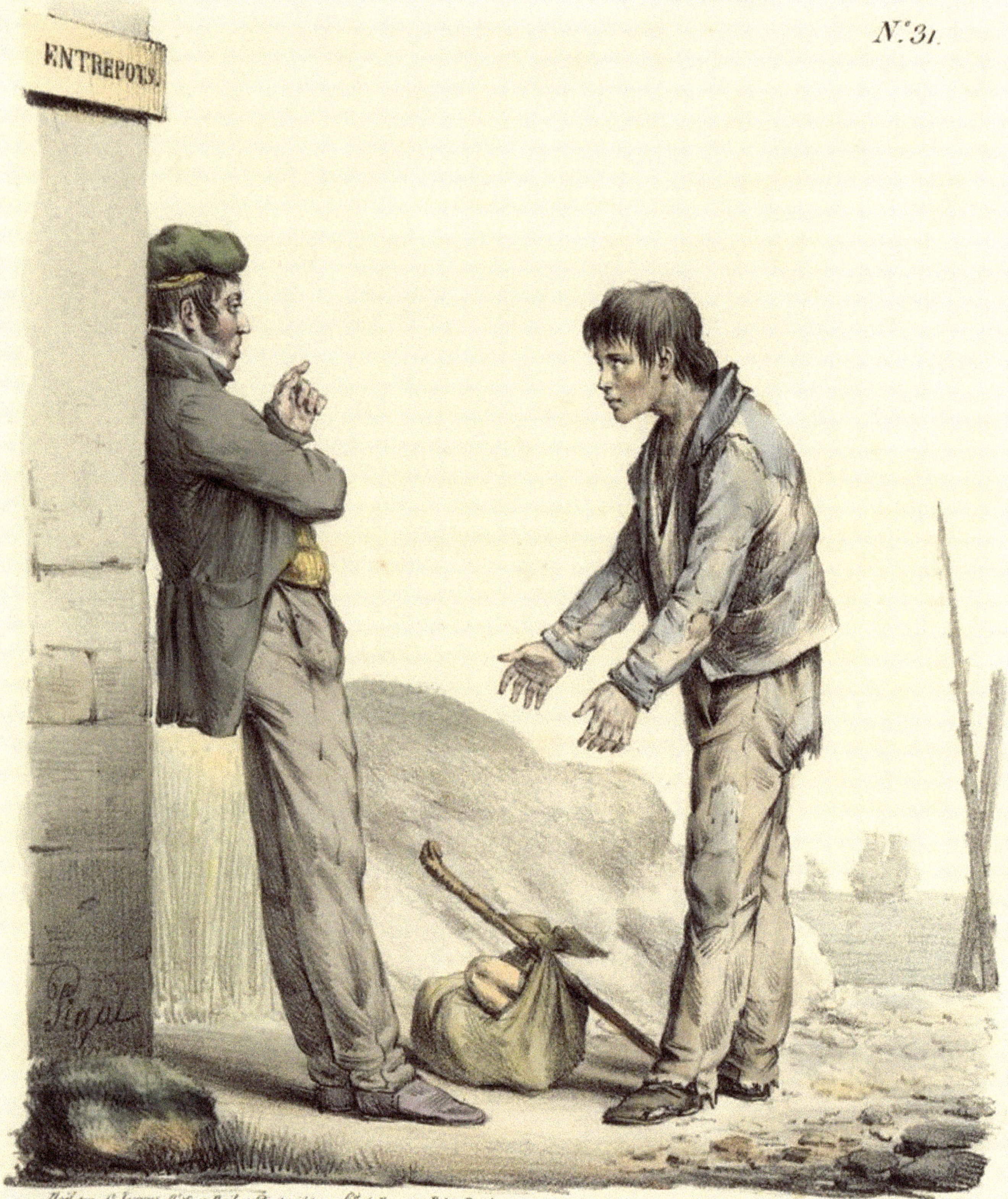

Noël rue St Jacques N.° 16 et Noël et Dauty, éditeurs, Gie de Nemours, Palais Royal

Lith de Langlumé

Pierre qui roule n'amasse pas de mousse

N.° 31.

Pierre qui roule n'amasse pas mousse.

On veut dire, par ce Proverbe, que celui qui court le Monde pour saisir la Fortune n'y parvient presque jamais. Que de gens, en effet, qui ont fait le tour du Monde, et qui au retour n'étaient pas plus avancés que le jour du départ! . . . .

Je ne sais plus quel plaisant a dit :

Une femme qui voyage ressemble à un torrent qui change souvent de *lit,* et que les hasards *grossissent* dans son cours.

Pour moi, je ne trouve pas le Proverbe exactement vrai; car, si le voyageur ne fait pas toujours fortune, du-moins est-il riche de souvenirs, et cela a du prix dans la vieillesse.

N.o 32.

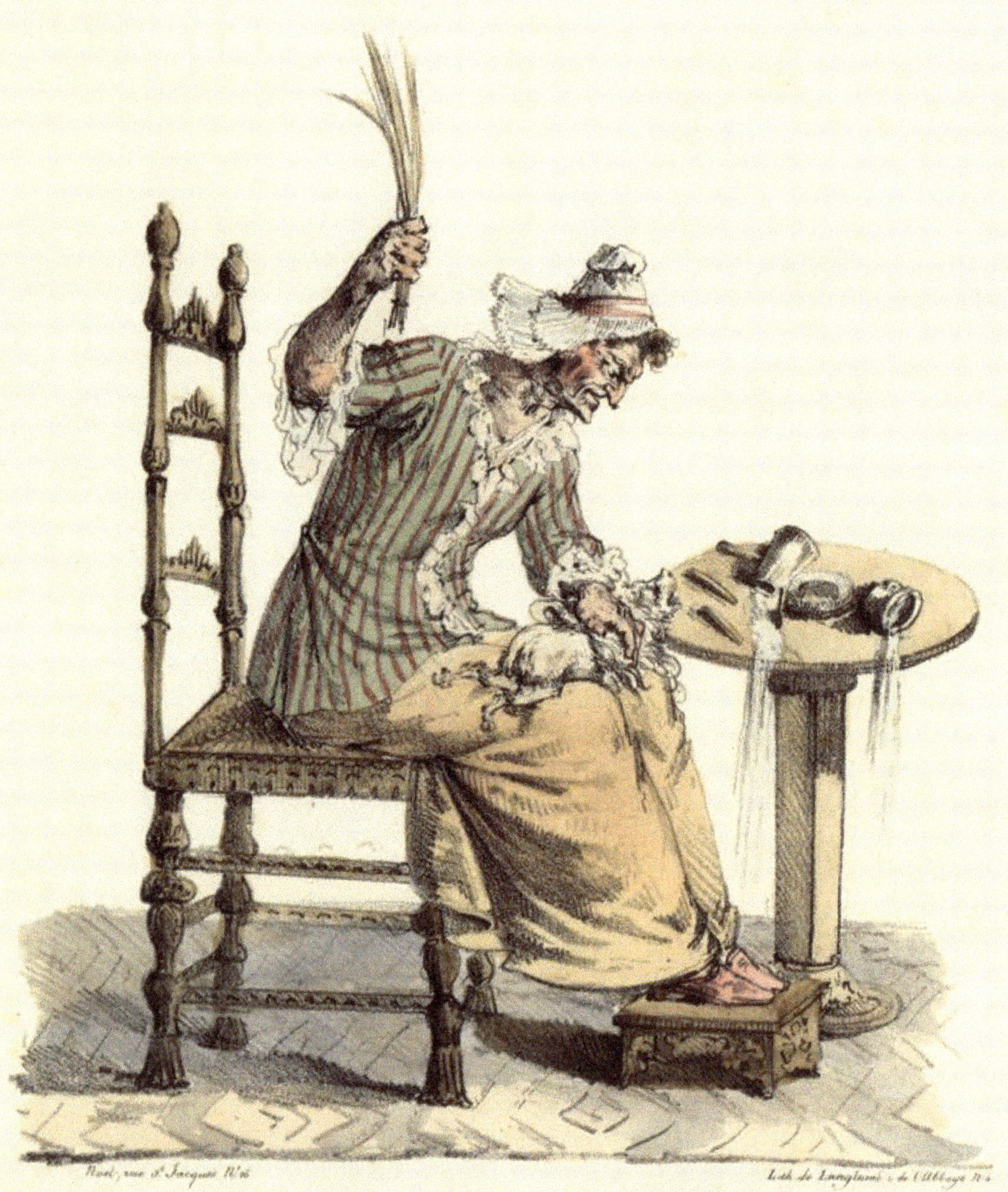

Noel, rue S.t Jacques N.o 16 — Lith. de Langlumé r. de l'Abbaye N.o 4

Qui aime bien chatie bien

Noel et Dauty éditeurs, Galerie de Nemours Palais Royal

N.° 32.

Qui aime bien, châtie bien.

Ce Proverbe nous a encore été donné par les Espagnols; mais il faut prendre garde de ne pas le renverser. Nous avons, dans un temps encore peu éloigné, assez bien châtié les Russes, les Prussiens et les Autrichiens; je ne pense pas que nous les aimassions beaucoup. Cela a-t-il changé de nos jours? Je vous le demande, Lecteur.

Il fallait que, dans ma jeunesse, mes professeurs m'aimassent terriblement; car je ne me rappelle aucun de mes camarades qui ait été plus souvent châtié que moi. Que de fois aussi aurais-je voulu me débarrasser de leur affection! . . . .

N.° 33

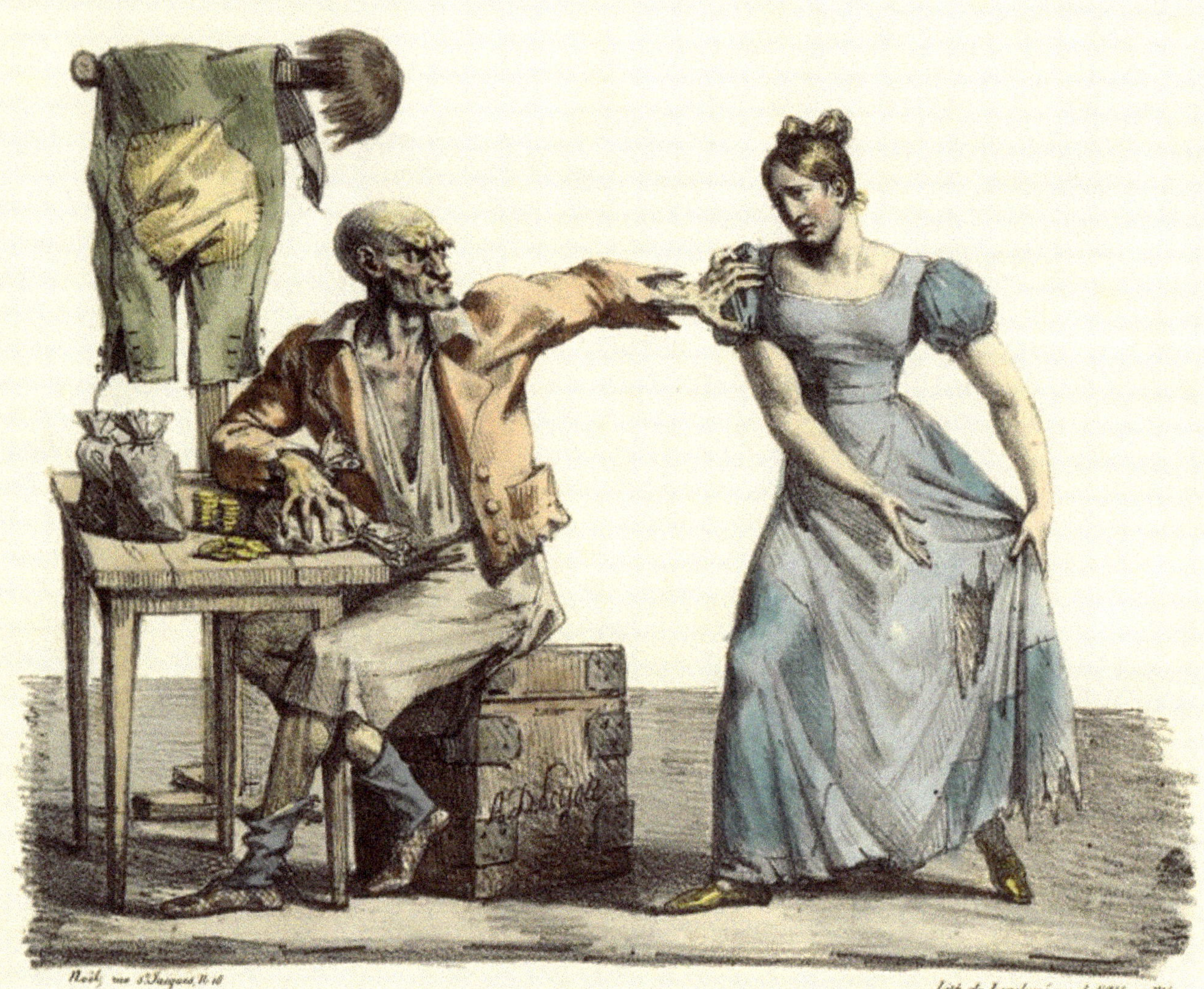

Noël, rue S.t Jacques, N.° 16

Lith. de Langlumé rue de l'Abbaye N.° 4

On ne saurait tirer de l'huile d'un mur.

Noël et Dauty éditeurs, G.ie de Nemours Palais Royal

N.° 33.

On ne saurait tirer de l'huile d'un mur.

On veut dire, par ce Proverbe, qu'on ne peut obtenir de quelqu'un une chose contraire à ses principes ou à sa manière de voir. Vous n'obtiendrez rien en effet de ce Crésus avide et fripon, si vous lui demandez un service qui peut vous tirer de la misère, si lui-même n'y trouve son avantage, ou s'il n'en espère un bénéfice. Demander de la tolérance à des Brames, exiger des bassesses des Espagnols, la liberté des femmes chez les Turcs, l'esclavage des Françaises chez nous; vouloir que nous rougissions de nos anciens succès; tout cela se traduit : *Tirer de l'huile d'un mur.*

L'ouvrage de Backer dit que ce Proverbe nous a été donné par la fille d'un riche artisan, qui, presque privée de vêtemens, en demandait vainement à son père. L'artiste a pris ce sujet, et l'a rendu avec exactitude.

N° 34.

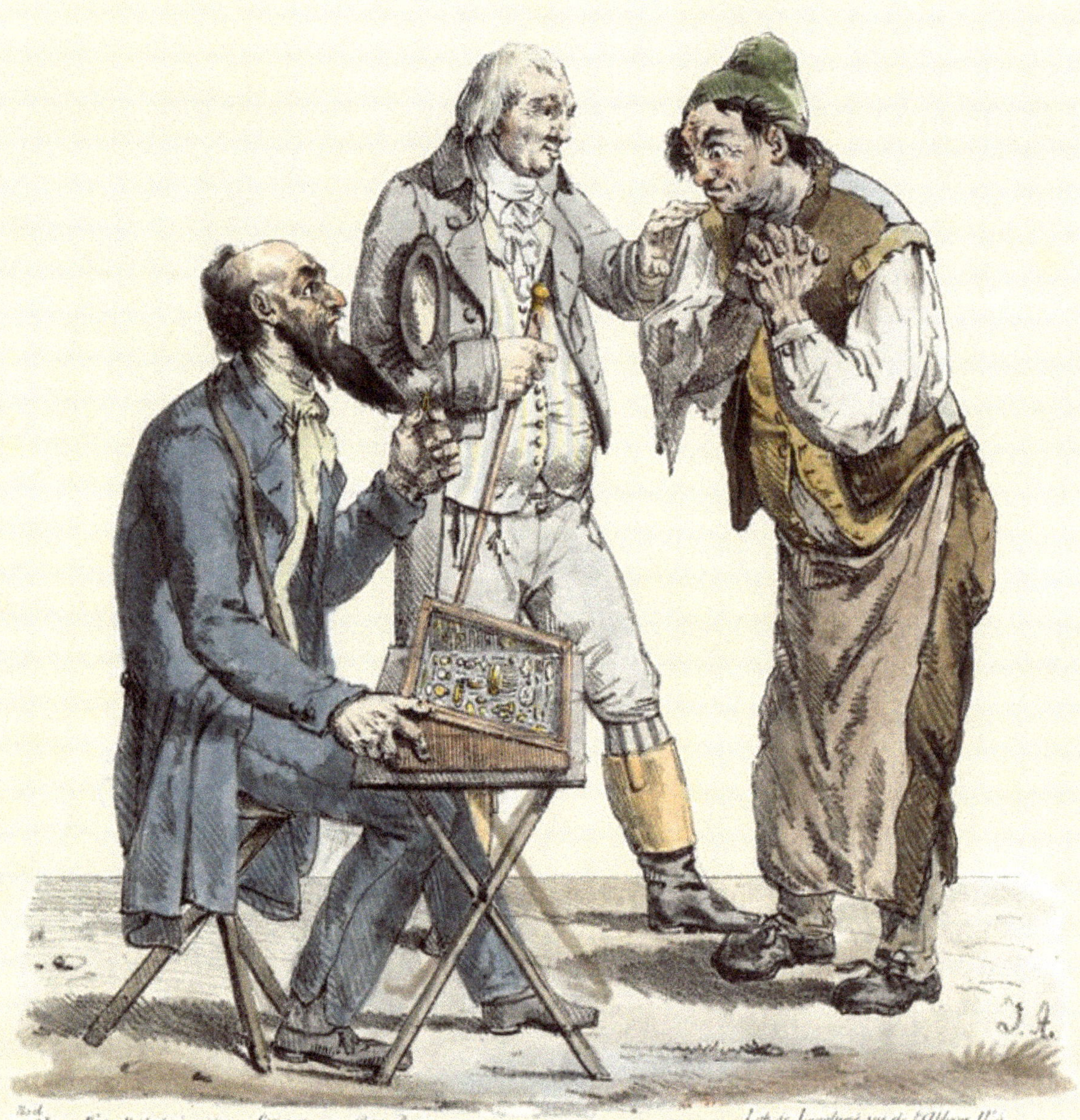

Lith. de Langlumé rue de l'Abbaye N° 4.

Bon homme, tout ce qui reluit n'est pas or

N.° 34.

Tout ce qui reluit n'est pas or.

UN enfant Athénien avait volé une pièce d'or : il fut jugé par l'Aréopage; mais comme le coupable ne pouvait pas parler, puisqu'il n'était âgé que de deux ans, on lui donna un défenseur, qui chercha à prouver que son client, en enlevant la pièce d'or laissée sur une table, l'avait fait sans connaissance de cause, et qu'il n'appréciait pas la grandeur du crime qu'on lui imputait. . . . On le soumit donc à une nouvelle épreuve. On lui présenta deux pièces de monnaie, l'une d'or, l'autre d'argent; et comme l'enfant laissa la blanche, il fut condamné à mort, et la sentence exécutée. L'Aréopage ne serait pas tant révéré de nos jours, s'il n'avait rendu que des jugemens semblables à celui que je viens de rapporter; car il est certain que si l'on avait présenté à l'accusé deux pièces, l'une d'argent, l'autre de cuivre rouge, il eût choisi la dernière comme plus brillante : *Tout ce qui reluit n'est pas or.*

On dit de certaines belles promesses qui ne doivent pas se réaliser : *Tout ce qui reluit n'est pas or.* On dit aussi d'un style boursoufflé : *Tout ce qui reluit n'est pas or.*

Je lis, dans un vieux Dictionnaire des Proverbes, ce quatrain, qu'on met dans la bouche d'un comédien.

Oui, notre état est un trésor;
Il éblouit quand on l'approche;
Voyez, nous sommes couverts d'or. . . . .
En avez-vous dans votre poche?

N° 35

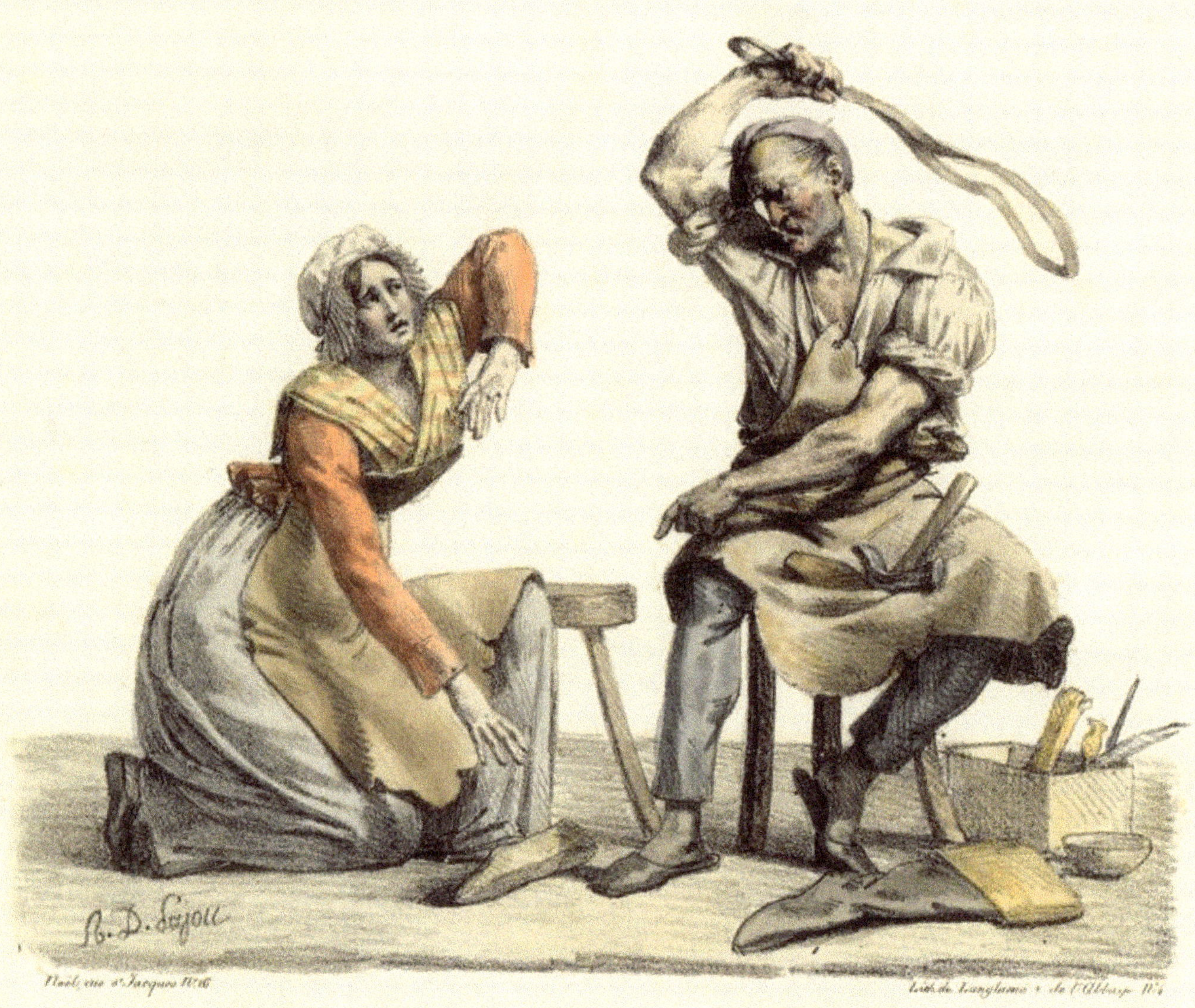

Noël, rue S.t Jacques N° 16 Lith. de Langlumé r. de l'Abbaye N° 4

Où la chèvre est attachée, il faut qu'elle broute.

Ramasse ça ou j'te cogue.

Noël et Dauty éditeurs G.ie de Nemours Palais royal

N.° 35.

Où la chèvre est attachée il faut qu'elle broute.

Ce Proverbe, qui nous vient des Italiens, s'applique sur-tout à ces épouses délaissées et malheureuses, à qui les désordres des maris font regretter le temps de leur jeunesse. . . . . Trop d'exemples, hélas! en justifient l'exactitude.

Il est bien singulièrement cruel cet usage de l'Inde qui condamne une épouse à se consumer sur un bûcher, à la mort de son mari. Pauvre Europe! que tu serais bientôt déserte, si les femmes ne devaient pas, chez toi, survivre à celui à qui elles avaient lié leur existence! Pauvres jeunes filles aussi! ce mot *madame*, après lequel vous soupirez quelquefois, combien il vous paraîtrait effrayant. . . . . Rassurez-vous toutefois; nous ne sommes pas si exigeans, et, pourvu que vous nous soyez fidèles pendant notre vie, peu nous importent d'autres sacrifices après notre mort.

N.° 36.

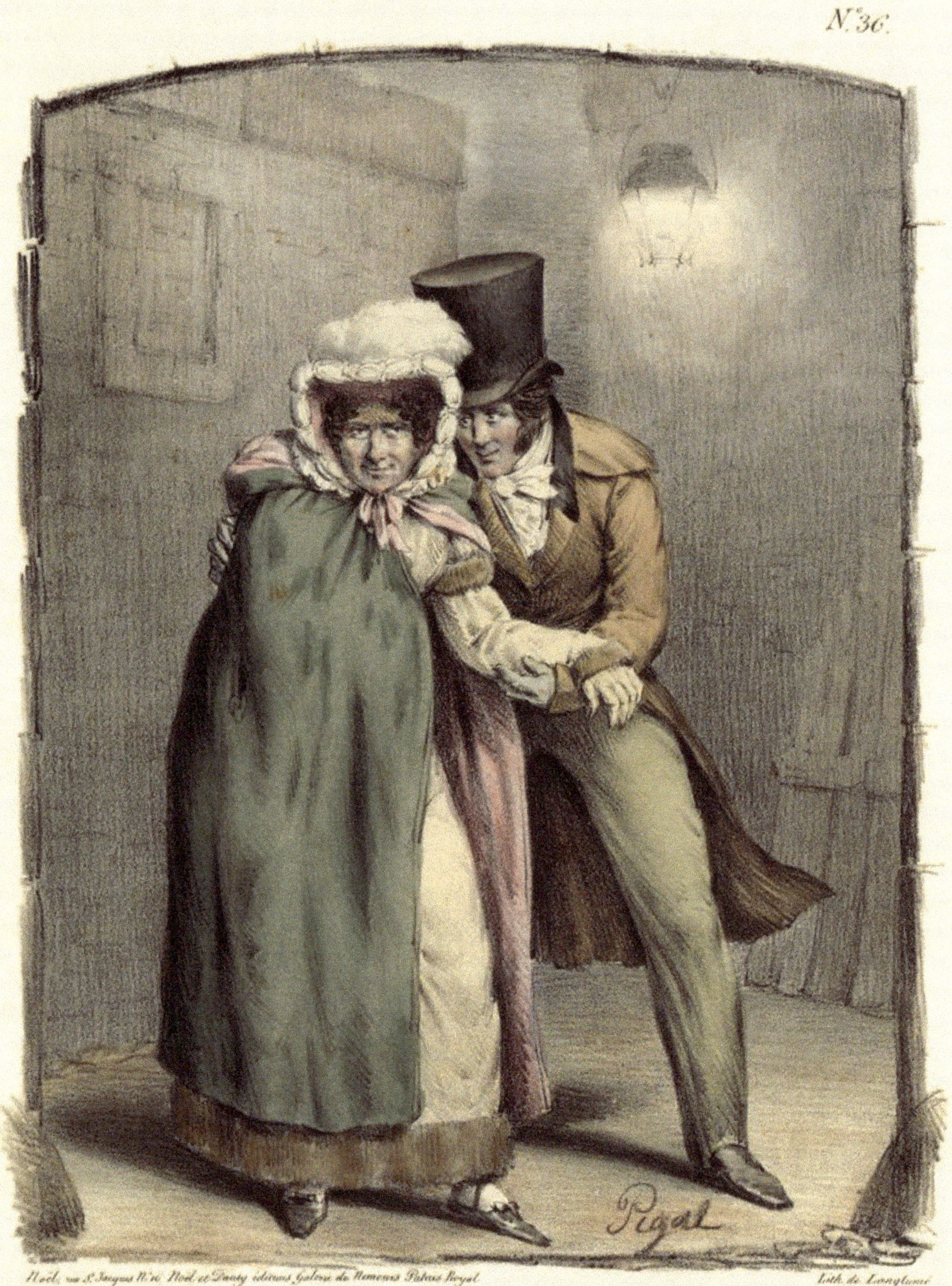

Noël, rue S.t Jacques N.° 16. Noël et Dauty éditeurs Galerie de Nemours Palais Royal.　　　Lith. de Langlumé

La nuit tous chats sont gris.

N.° 36.

La nuit, tous chats sont gris.

Un étourdi, épris d'une jeune personne chez les parens de laquelle il avait été reçu, parvint à obtenir de sa belle un rendez-vous nocturne. Le lieu indiqué était la chambre d'Ursule, cuisinière appétissante, aujourd'hui délaissée, et ne vivant que de souvenir. Ursule devait, ce soir-là, partir pour la campagne, et n'être de retour que le lendemain matin. On se couche, ou l'on feint de se coucher; tandis qu'Ursule, paresseuse et négligente, oublie la commission qu'on lui avait donnée, souffle sa chandelle, tire son rideau et s'assoupit, en attendant Lucas, qui tous les soirs venait lui souhaiter une bonne nuit quand il revenait du cabaret voisin. . . . Il était minuit, et, brûlant d'amour, le jeune homme reçu dans la maison s'achemine en négligé vers le lieu où il espère trouver seul l'objet de ses affections. . . . Il marche sur la pointe du pied. . . .; il entre. . . . .; tâtonne; tire doucement le rideau, et se couche. . . . . Les vrais amoureux ne parlent guère. Ursule supposa presque qu'on s'était trompé; mais, en fille discrète, elle ne dit rien et attendit. Cependant, Lucas, à demi-gris, entre à son tour, juste au moment où la demoiselle de la maison, oubliant ses devoirs. . . . On se heurte. Quoi? c'est vous; dit une voix enfantine, entendue par trois personnes différentes. — Eh! oui, pardienne, répond le rustre; pourquoi trottes-tu à c' t'heure; tu t'exposes à malencontre : *La nuit, tous chats sont gris*. . . . . La jeune personne pousse un cri et s'esquive; le dernier venu s'achemine vers le lit, d'où s'échappe doucettement celui qui l'avait remplacé; et le lendemain, personne ne dit rien de cette aventure.

N.° 31

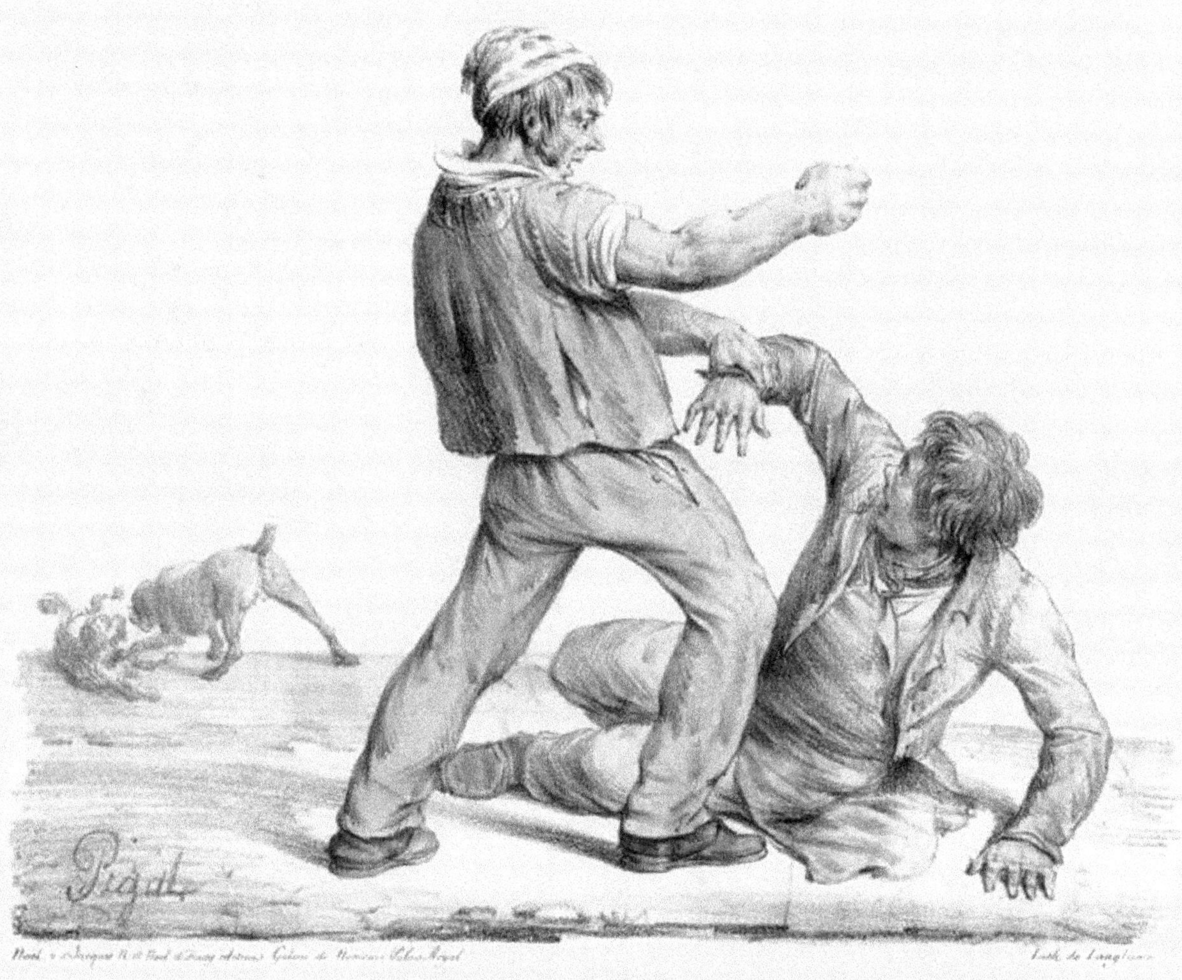

Lith. de Langlumé

La raison du plus fort est toujours la meilleure.

N.° 37.

La raison du plus fort est toujours la meilleure.

La Fontaine l'a dit et l'a prouvé.

Monseigneur, cette affaire aura les conséquences les plus funestes pour notre pays; il faut y renoncer. — Je vous dis le contraire, Monsieur; et l'événement justifiera ma prédiction..... Malheureusement le conseiller devina juste, et lorsqu'il osa en faire la remarque à Monseigneur, celui-ci lui répondit : Taisez-vous, Monsieur; vous êtes un sot; on ne peut pas raisonner avec vous; vous m'avez très-mal entendu, et vous ne feignez de prendre le change que pour éviter mes reproches. .... Ces raisons-là sont presque toujours celles du plus fort. Hélas! ce sont aussi les meilleures.

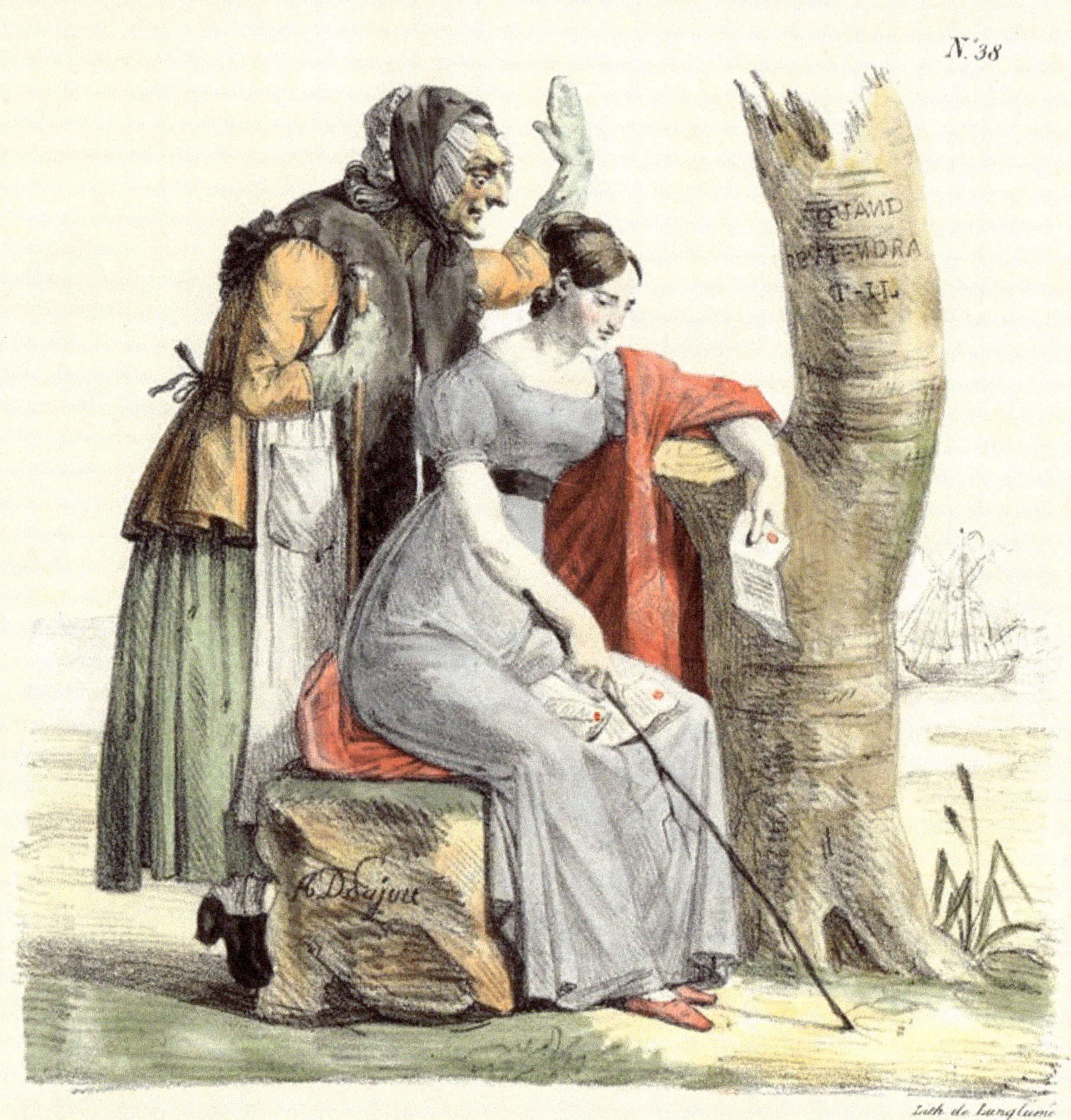

L'Eau éloignée n'éteint pas le feu qui nous brûle

Noël rue S.t Jacques N.° 8, Noël et Dauty éditeurs G.ie de Nemours Palais Royal

N.° 38.

L'eau éloignée n'éteint pas le feu qui brûle.

Ce Proverbe date du siècle de la chevalerie; siècle merveilleux, où les amans étaient constans, les époux fidèles; où les sermens d'amour n'étaient pas un jeu, une plaisanterie; où un chevalier traître à sa dame était réputé félon et traître à l'honneur. On trouve l'étymologie de ce Proverbe dans *Amadis de Gaule,* poëme en l'honneur du plus brave parmi les braves de la Table Ronde. Courage, honneur, amour de la patrie, nous avons hérité de ces vertus; mais cette discrétion en amour, cette fidélité dans la foi jurée, cette constance dans les passions malheureuses, où les retrouver de nos jours?.... Un regard, une fleur, un ruban de notre belle ne nous flatte plus, ou ne nous satisfait guère; nous voulons.... Hélas! que ne voulons-nous pas!.....

N.° 39

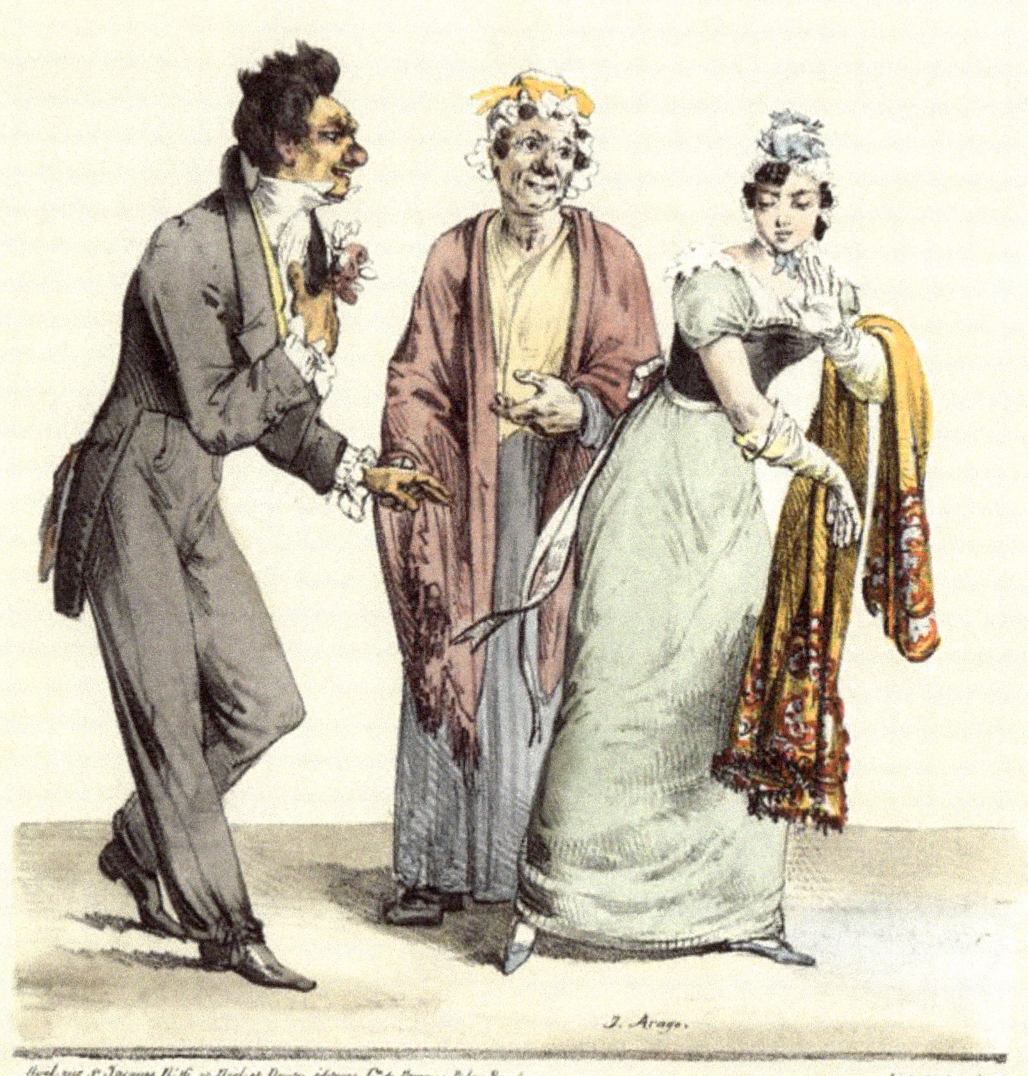

Noël, rue St Jacques N° 16, et Noël et Dauty éditeurs Gie de Nemours Palais Royal — Lith de Langlumé

Qui refuse muse.

N.° 39.

Qui refuse, muse.

Ce Proverbe a beaucoup de rapport avec *Un tiens vaut mieux que deux tu auras.*

M. Dorimont a une fille jeune, bien faite, mais coquette à l'excès. Le père, homme de sens, veut la marier au fils de M. Florval, jeune homme laid, mais doué de toutes les qualités du cœur. Il se présente. Un cri de regret, je dirais presque d'horreur, s'échappe de la bouche de mademoiselle Laure; et, tandis que l'amant désapointé appelle à son secours toute son éloquence pour vaincre la résistance de sa future, elle s'esquive, et jure à son père qu'elle va se donner la mort s'il persiste à vouloir cette union. Il faut tout attendre du temps, dit le père affligé au jeune homme éconduit; peut-être parviendrai-je à vaincre la résistance de ma fille : prenez courage et attendez. Le fils de Florval partit.... Les années s'écoulaient, et Laure ne voyait sur les rangs personne qui lui convînt. Arrivée enfin à la trentième, elle pense à son premier futur, et en parle à son père, qui s'empresse d'apprendre à son ami le consentement de sa fille; mais il n'était plus temps : le jeune Florval s'était marié la veille.... Tu le vois, ma fille, et tu en es punie : *Un tiens vaut mieux que deux tu auras.* — *Qui refuse, muse.*

N° 40

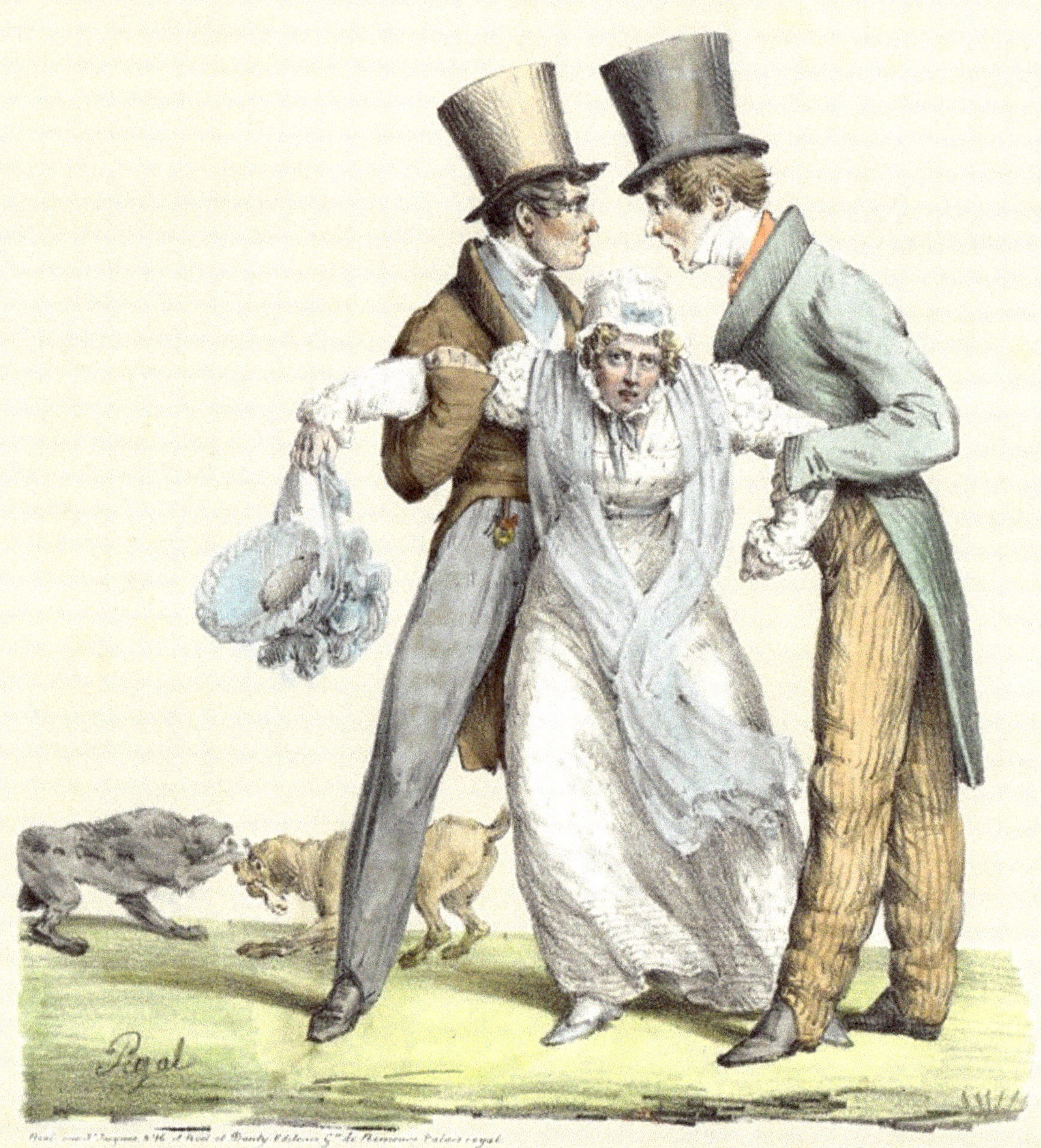

Lith. de Langlumé

Deux Chiens ne sont jamais d'accord
pour un seul os

N.° 40.

Deux chiens ne sont jamais d'accord pour un seul os.

Deux coqs vivaient en paix; une poule survint,
Et voilà la guerre allumée.
Amour, tu perdis Troie. . . . .

Si l'on voulait, on pourrait citer La Fontaine à tout bout-de-champ : ne le citons pas trop à propos de bagatelles.

On raconte que deux jeunes gens ayant trouvé un trésor sur une grande route, résolurent d'abord, en hommes sages, de le partager entre eux; mais ils arrêtèrent qu'un d'eux seulement, dans la crainte qu'ils fussent soupçonnés, irait à la ville voisine chercher des provisions, tandis que l'autre attendrait son camarade dans un endroit désigné. A-peine séparés, ils résolurent la perte l'un de l'autre, afin de s'approprier le trésor en entier. Celui qui fut à la ville, empoisonna les vivres qu'il acheta; mais à-peine les eût-il présentés à son compagnon, qu'il tomba percé d'un coup de poignard. Épuisé de besoin, mais satisfait doublement de la trouvaille, l'autre voulut goûter aux alimens, et quelques instans après il tomba mort, victime de son avarice et de celle de son associé.

N° 41

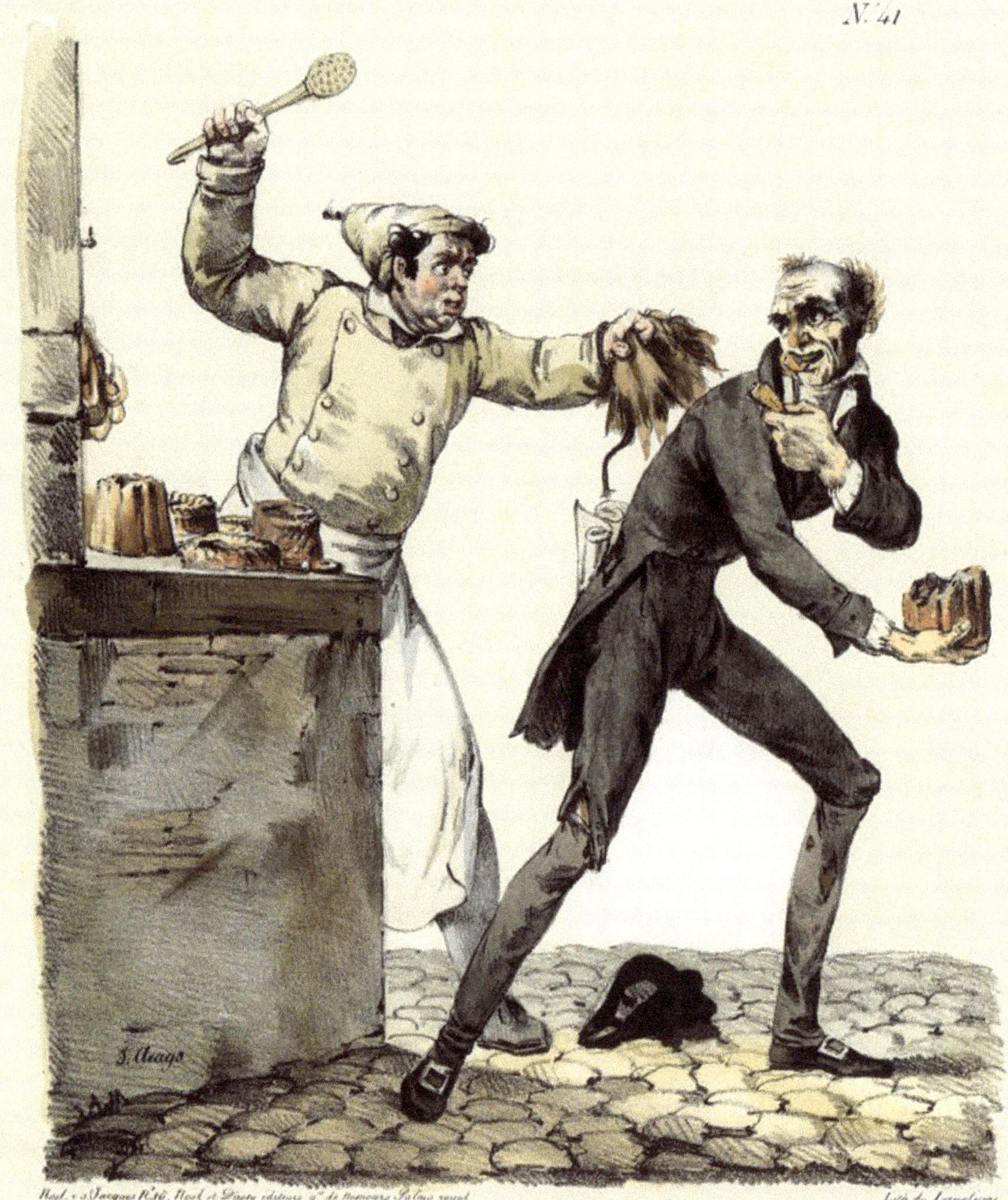

Noël r. S Jacques N.16, Noël et Dauty éditeurs g^de de Nemours Palais royal — Lith de Langlumé

A défaut de pain, les gâteaux sont bons

N.° 41.

A défaut de pain les gâteaux sont bons.

Ce Proverbe nous vient des Espagnols; mais on raconte un mot du fils d'un de nos Rois qui y a beaucoup de rapport. Un mendiant l'accostant dans le parc de Saint-Cloud, lui dit : Mon Prince, ayez pitié d'un malheureux qui n'a pas de pain. — Tiens, dit le Prince âgé de cinq ans à sa gouvernante, pourquoi ne mange-t-il pas de gâteaux? — Monseigneur, parce qu'il n'a pas d'argent pour en acheter. — Eh bien! qu'on lui en donne; je veux que ce brave homme ait de quoi manger du pain ou des gâteaux.

Heureux les peuples dont les Princes, dès leur plus tendre jeunesse, donnent des marques de bon cœur et d'humanité!

N 42

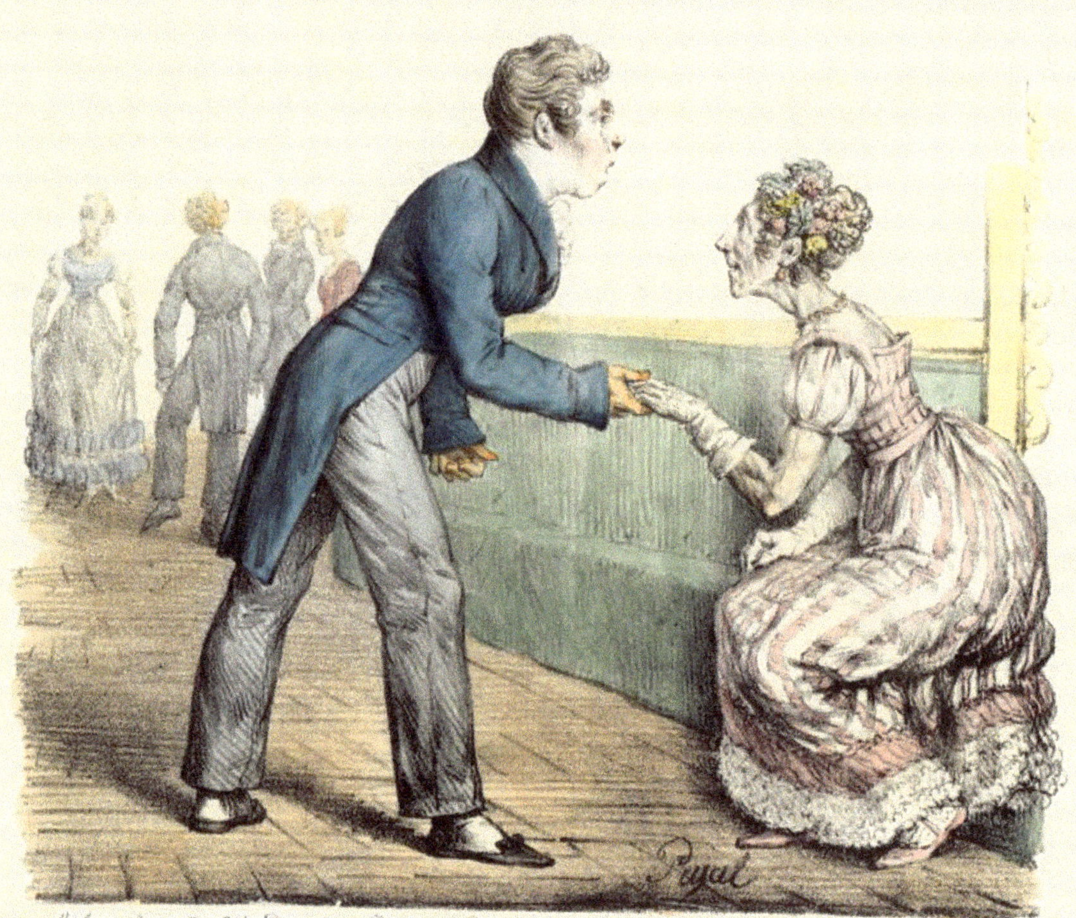

Noël, rue S.t Jacques N.o 16. Noël et Dauty, éditeurs G.ie de Nemours Palais royal

Lith. de Langlumé

Au dernier les os.

N.° 42.

Au dernier les os.

Tardè venientibus ossa. Ce Proverbe s'adresse à ceux qui, lents par tempérament, insoucians par caractère ou par habitude, n'arrivent jamais à temps, et qui, soit dans les affaires, soit dans les moindres circonstances de la vie, sont toujours après les autres. Ce n'est guère que pour eux que sont réservés les plus mauvaises chances ; et toujours, faute *d'une minute*, ils perdent le fruit de leurs peines et de leurs soins. Rien ne peint mieux cette espèce de gens que la jolie comédie intitulée *Monsieur Musard*, et que nous devons à la verve ingénieuse et féconde de M. Picard.

Souvent, cependant, la timidité, le peu d'habitude du monde font aussi, qu'en maintes circonstances, on arrive trop tard, et tous les jours un jeune innocent paye son noviciat dans les salons par plus d'une désapointance; mais ce défaut, si c'en est un, est bientôt corrigé.

C'est un de ces petits événemens de société que l'artiste a choisi pour le sujet de son dessin, qu'il a su traiter d'une manière assez piquante pour n'avoir pas besoin d'être expliqué : ici le jeune homme rougit et se mord les lèvres. Il a tort; le hasard l'a probablement mieux servi qu'il ne le pense : la gothique baronne est sensible encore, et surtout fort obligeante; elle prendra soin de le former; et, moins modeste une autre fois, il ne méritera plus que la malicieuse Aglaé, qui le lorgne du coin de l'œil, lui dise : *Au dernier les os.*

On connaît tels et tels individus qui dînent tous les jours à l'hôtel de. . . . ou à l'hôtel de. . . . , et qui défient qu'on ait jamais pu leur dire : *Tardè venientibus ossa.*

La dévote Arsinoé est citée pour son extrême obligeance : chez elle on n'en est pas plus mal reçu pour être arrivé un peu tard.

Le divin Législateur nous fait un précepte de traiter les derniers comme les premiers. Ah! si cette loi sage était en vigueur, verrait-on dans les avenues du trône et dans les antichambres tant de concurrens se disputer le prix de la course.

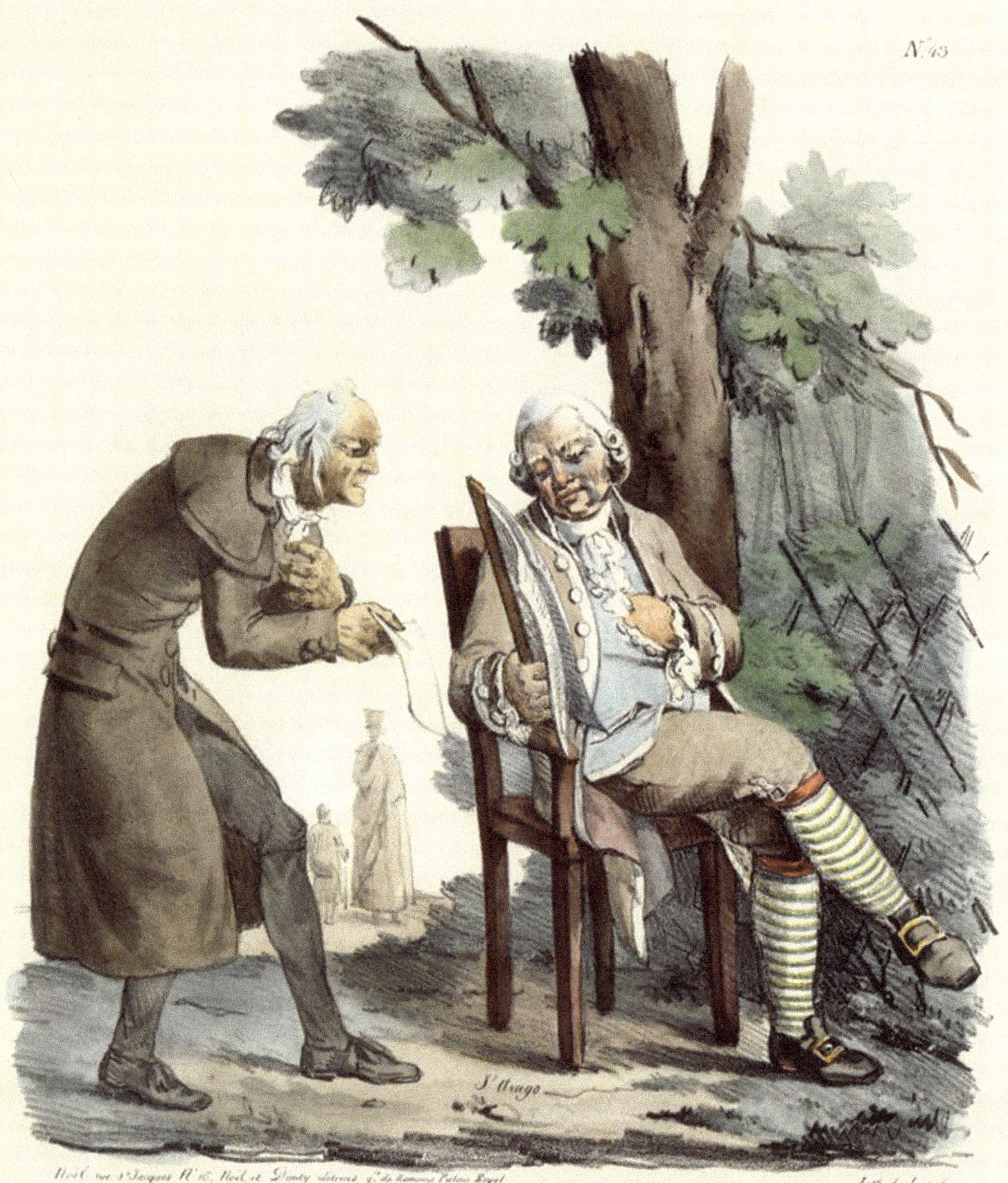

Noël rue St Jacques N° 16, Noël et Dauty éditeurs G.de des Romains Palais Royal

Lith. de Langlumé

Il n'y aurait pas de grands s'il n'y avait pas de petits

N.° 43.

Il n'y aurait pas de grands, s'il n'y avait pas de petits.

Cette vérité ne serait que triviale, et n'aurait besoin d'aucune interprétation dans son acception naturelle; mais l'Artiste l'a considérée sous le côté moral, et dans ce sens, il serait peut-être plus juste de dire : *Il n'y aurait pas de petits, s'il n'y avait pas de grands*. Son dessin nous représente une de ces scènes si fréquentes dans *le meilleur des mondes possible*, où la moitié du genre-humain est presque toujours forcée de se rapetisser devant l'autre. Un pauvre solliciteur, dont le dos courbé semble être depuis long-temps formé à cette posture, présente un placet à un homme élevé en dignité, qui achève tranquillement, à l'ombre d'un bosquet, la digestion d'un excellent repas, et continue une lecture somnifère, sans faire attention au malheureux qui réclame son appui. Comme tant d'autres, ce haut et puissant seigneur a oublié que tous les hommes ont une origine égale, que sa grandeur personnelle est fragile, et que, fût-elle la récompense de son mérite, elle ne lui donne jamais le droit de mépriser celui que le sort a moins bien partagé que lui.

On a dit en quelque endroit, que la plupart des grands ont besoin d'être vus de loin : plus on s'en approche, plus ils rapetissent.

Un grand, fort ignorant, voulut, dans une conversation où il n'avait pas l'avantage, rappeler à son interlocuteur la distance que le rang mettait entre eux. Monseigneur, répartit celui-ci, je suis en ce moment plus au-dessus de vous que vous n'êtes au-dessus de moi, car j'ai raison et vous avez tort.

La Mothe, dans une de ses fables les plus spirituelles, peint ainsi la grandeur :

J'ai vu quelquefois un enfant
Pleurer d'être petit, en être inconsolable.
L'élevait-on sur une table?
Le marmot pensait être grand.
Tout homme est cet enfant : les dignités, les places,
La noblesse, les biens, le luxe, la splendeur,
C'est la table du nain : ce sont autant d'échasses
Qu'il prend pour sa propre grandeur.

Il y a des grandeurs d'institution : l'usage veut qu'on les respecte; mais il y a des grandeurs réelles et personnelles : c'est alors que la raison nous commande de joindre l'estime au respect.

Nota. A partir de la présente Livraison jusqu'à la fin de l'Ouvrage, le texte est rédigé par T. de Jolimont, Membre de plusieurs Académies, et Auteur de plusieurs Ouvrages sur les Antiquités et les Mœurs du moyen Age.

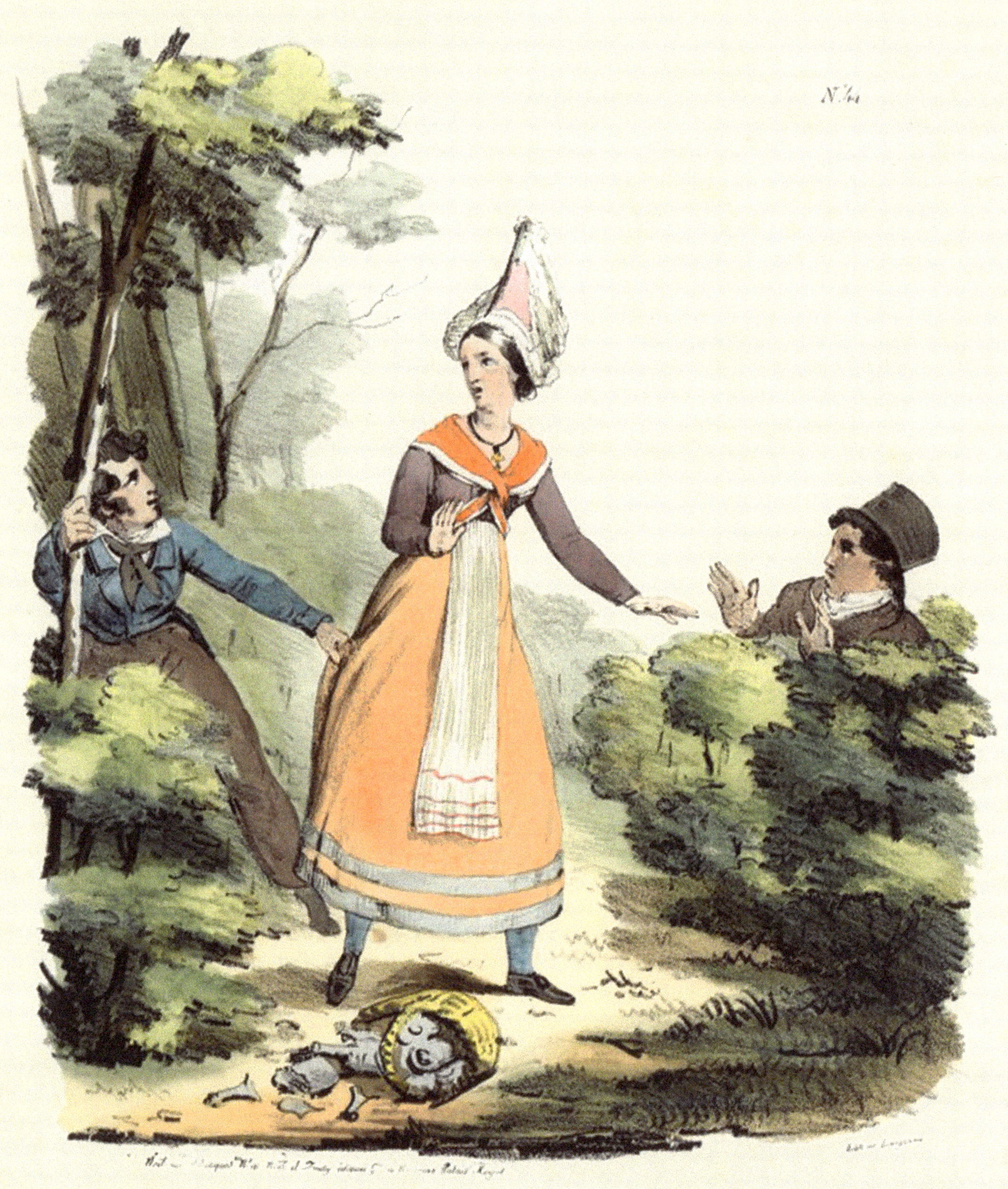

La femme et le verre sont toujours en danger

N.° 44.

La femme et le verre sont toujours en danger.

Triste vérité, qui prouve à combien de passions brutales l'homme peut se livrer. Dans les accès de son délire, il ne respecte rien, même ce qui lui est le plus utile, et trop souvent il ose outrager ce sexe faible et charmant formé pour son bonheur, et qu'il doit protéger.

Les fumées du vin ont altéré la raison de ces deux ivrognes; la nature se refuse à de nouveaux excès : bientôt la coupe pleine de la liqueur vermeille n'est plus pour eux qu'un objet importun; ils la brisent sous leurs pieds. Insensés, ce vase fragile portait à vos lèvres un breuvage bienfaisant dont vous avez abusé : plus tard il vous serait utile encore; mais votre imprévoyante ingratitude l'a réduit en poussière, et cette folle action excite votre rire ridicule....!

Quel funeste hasard a conduit ici cette jeune fille, cette vierge timide, sur les pas de ces deux libertins. La vue de ses charmes leur fait naître d'affreux désirs : déjà ils ont médité le crime. Le lieu favorise leur audace; ils vont obtenir par la violence ce qui doit être le prix du plus pur amour : ses larmes, son innocence, ses touchantes prières irritent encore leur frénétique ardeur... Grands Dieux! qui la protégera?.... Sont-ils donc des hommes ceux qui goûtent un plaisir barbare à faire des victimes, et trouvent quelque jouissance dans la plus honteuse brutalité?

Souvent chez les humains, par un abus fatal,
Le bien le plus parfait est la source du mal.

(Voltaire, *Henriade.*)

N° 45

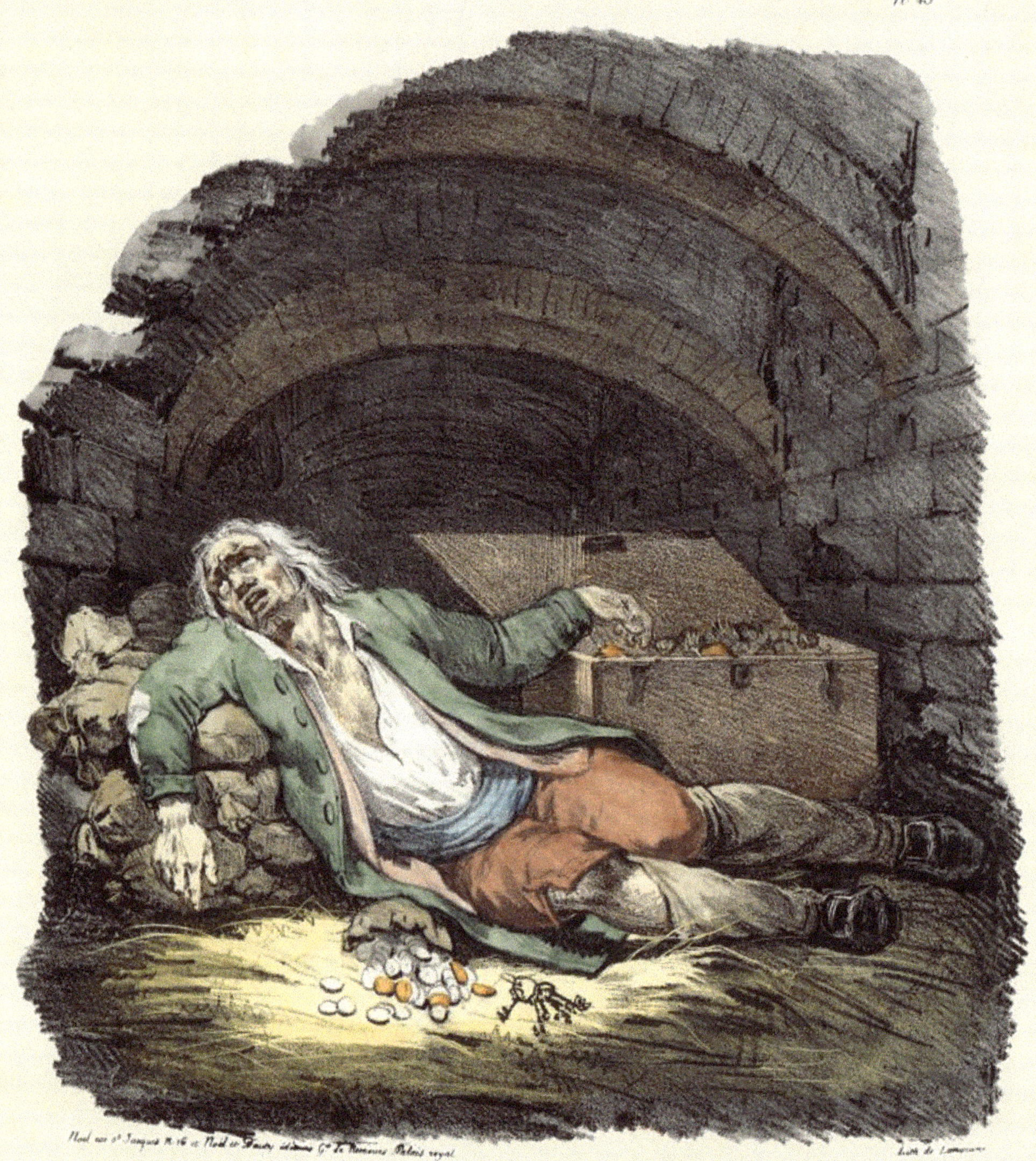

Vie sans amis, mort sans témoins.

N.° 45.

Vie sans amis, mort sans témoins.

Ce Proverbe semble devoir mieux s'appliquer aux misanthropes atrabilaires qui, séquestrés volontairement de la société, n'ont jamais cru à l'amitié;

A certains hypocondriaques, qui ne voient que des ennemis dans tous ceux qui les entourent;

A tant de visionnaires, enfin, de différentes sortes, qui par manie plus que par sagesse, fuient ce monde qui les évite à son tour, et qui pendant la vie refusant à leurs semblables cet échange mutuel de services et d'affections que réclame l'humanité, meurent dans une effrayante solitude, sans secours et sans regrets.

Cependant l'Artiste a préféré nous offrir dans son dessin la mort affreuse de cet avare, non moins ennemi des hommes, qui, loin de tous regards curieux, s'enfermait souvent seul dans un profond souterrain où il avait entassé ses trésors. Un jour, il y vint à son ordinaire, et négligea cette fois d'accrocher la porte, qui, poussée par un ressort, se referma d'elle-même derrière lui; elle n'ouvrait point en-dedans, et était construite de manière à ne pouvoir être forcée. Enfermé sans espoir de secours, il envisage bientôt toute l'horreur de sa position; ses cris ne peuvent être entendus: aucun ami, aucun parent ne connaît le secret du fatal caveau qui va devenir son tombeau. Inutile sur la terre, indifférent à chacun, son absence, sa mort même ne sera point remarquée. A ces réflexions déchirantes, au désespoir qui s'empare de son âme, se joignent bientôt les horribles tourmens de la faim.. Il tombe, et se roule en frémissant sur les monceaux d'or, stériles témoins de son supplice... Il expire... en maudissant ses écus, sa fatale passion, en se maudissant lui-même!...

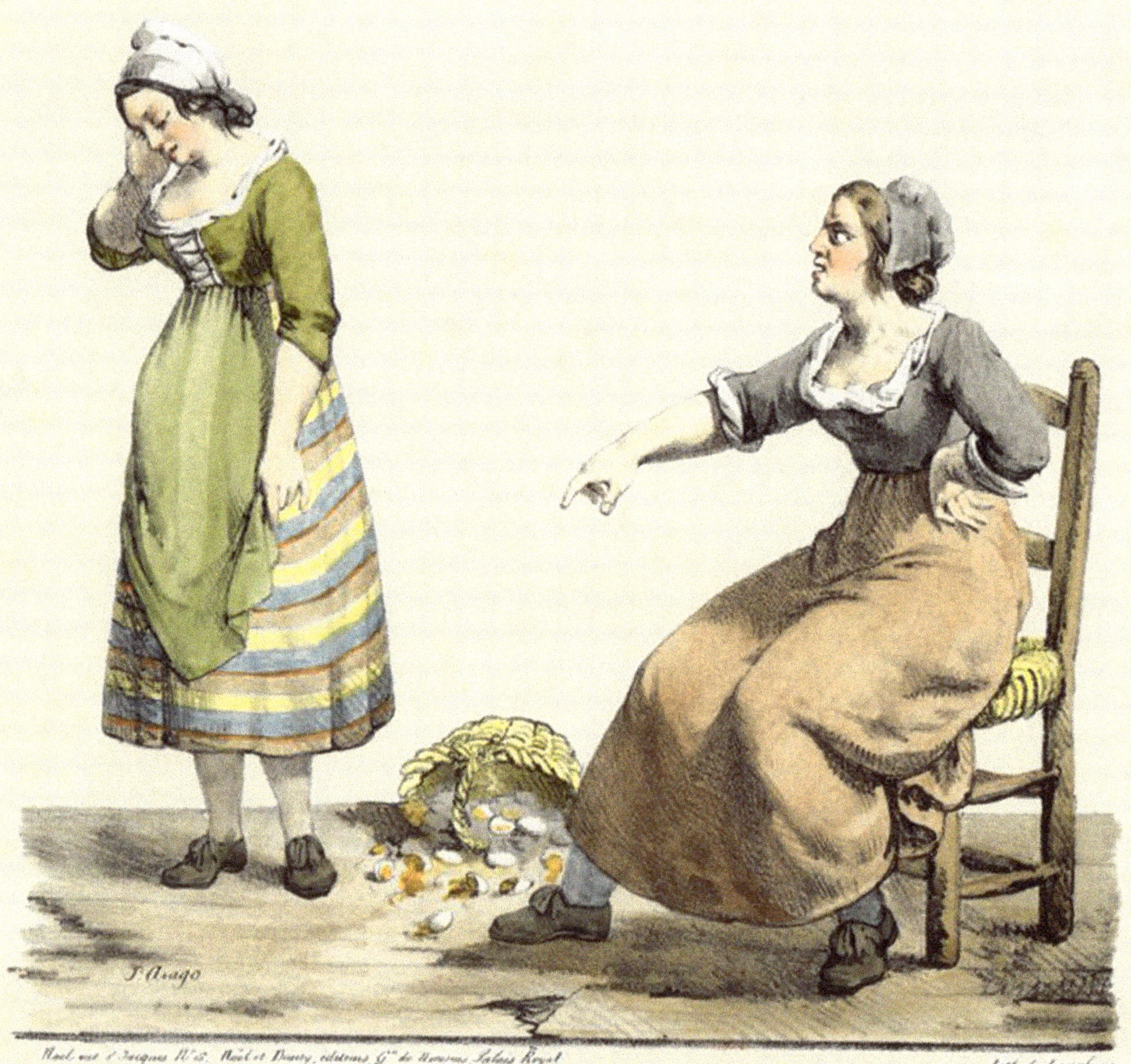

Noël rue St Jacques N° 15. Noël et Dauty, éditeurs, G^ie de Nemours, Palais Royal

Lith. de Langlumé

Tôt ou tard la vérité se découvre.

N.° 46.

Tôt ou tard la vérité se découvre.

Si les hommes étaient mieux convaincus de la réalité incontestable de cet axiôme, on en verrait beaucoup moins peut-être compter sur les ténèbres ou l'absence des témoins pour cacher de honteuses actions.

Louise entretenait depuis long-temps, à l'insu de sa mère, un tendre commerce avec un jeune égrillard de ses voisins. Déjà la jeune imprudente avait réussi à cacher à sa bonne mère le honteux témoignage de sa conduite. Une tante indulgente avait su tout accommoder: elle avait promis le secret à Louise, et Louise avait promis d'être sage. Mais un autre proverbe a dit : *Qui a joué jouera;* et Louise s'oublie de nouveau. Elle comptait encore sur le voile officieux du mystère; mais on ne trompe pas long-temps la surveillance maternelle : *Tôt ou tard la vérité se découvre;* et Louise, en versant des larmes trop tardives, est forcée d'avouer sa faute. *(Sujet du Dessin.)*

Eugénie est adorée de son époux qui la croit fidèle : cependant depuis long-temps elle trompe en secret sa confiance et son amour. Il l'ignore, se dit-elle avec sécurité; mais, hélas! adieu bonheur, honneur, amour! Adieu, sans retour : un instant a suffi pour dévoiler l'affreuse vérité.

Florville a toujours été regardé comme un homme de bien, un négociant laborieux et intègre : sa réputation est, dit-on, à l'abri de toute médisance. Cependant Florville joue à la Bourse et au Trente-et-un, est l'amant en titre de la courtisane B....., parie aux courses de chevaux, et spécule sur la cherté des grains : un jour Florville a disparu. La vérité est découverte.

Ah! du-moins, si l'on voit toujours tant de tartuffes adroits réussir à cacher sous des dehors honnêtes une âme vile et des penchans corrompus;

Tant d'heureux fripons usurper par l'intrigue les récompenses que le Prince réserve au mérite;

Tant de Zoïles anonymes déchirer la réputation des familles;

Tant de dévots..... tant de prudes..... consolons-nous : *Tôt ou tard la vérité se découvre.*

N° 47

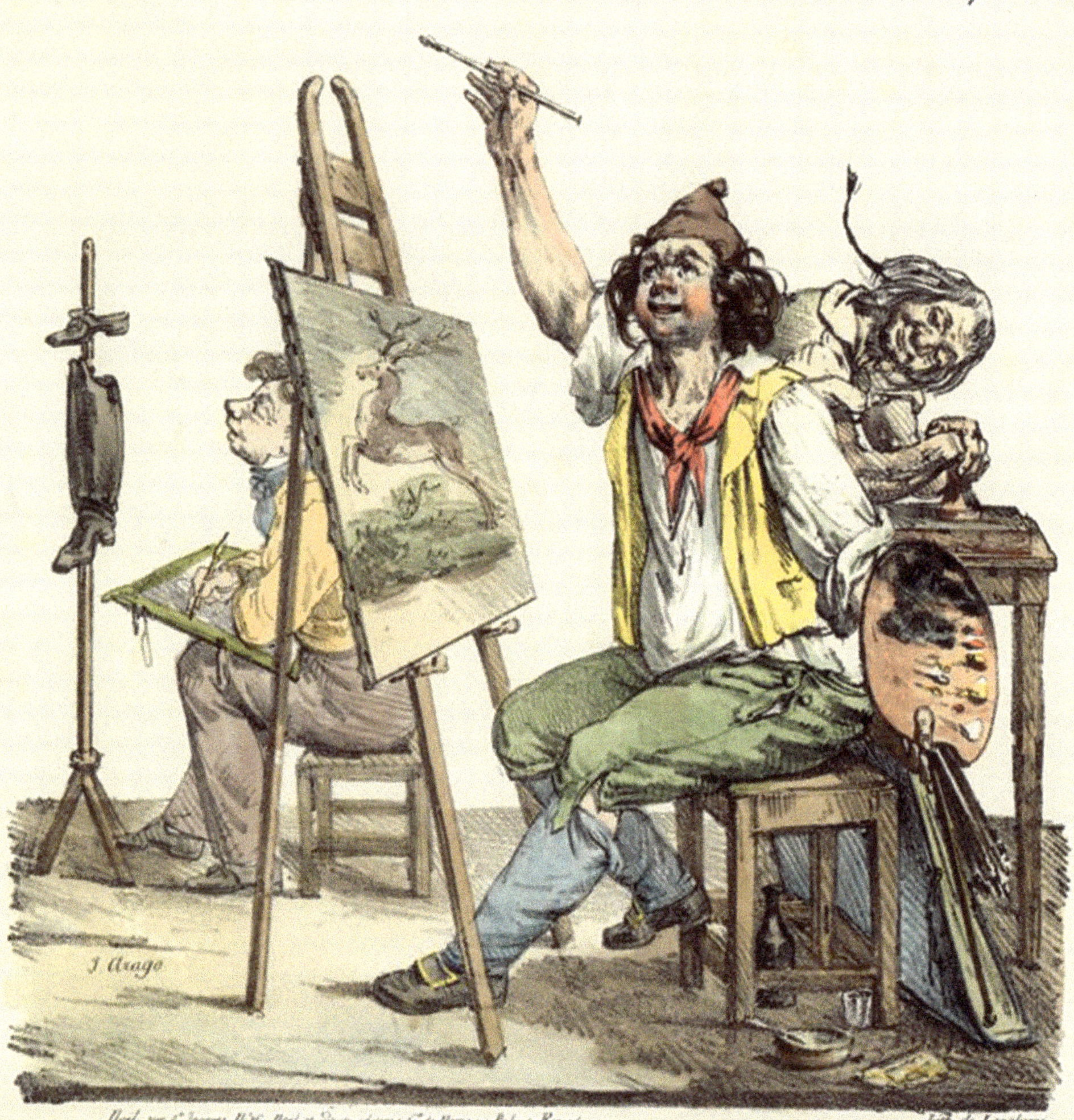

Noël, rue St Jacques N° 16. Noël et Dauty éditeurs Gie de Nemours Palais Royal

Lith. de Langlumé

Rien n'est beau que le vrai, le vrai seul est aimable.

N.° 47.

Rien n'est beau que le vrai, le vrai seul est aimable.

Cette maxime, que le législateur du Parnasse français a proclamée dans son *Art poétique*, et qui est devenue un principe dans la pratique des beaux-arts, est-elle réellement d'une application aussi générale qu'on le pense, et le sens qu'elle exprime est-il d'une vérité incontestable? Le merveilleux, le fabuleux, les ingénieuses fictions des poètes ne charment-ils pas plus souvent et plus puissamment la multitude que l'expression du vrai dans toute sa pureté? Les invraisemblances du mélodrame et de l'opéra n'attirent-elles pas plus de monde que les beautés classiques des chefs-d'œuvre des Molière, des Corneille, des Racine, des Voltaire? et ces chefs-d'œuvre sont-ils toujours eux-mêmes la peinture fidèle des mœurs, des passions, des caractères? N'y a-t-il pas dans tous les arts des beautés de convention qui ne sont pas toujours dans la nature? Et le beau idéal lui-même n'est-il pas souvent un mensonge?

Si des règles et du goût dans les arts, nous passons à la considération des choses morales et des événemens de la vie, cette maxime sera peut-être encore moins évidente. Que d'illusions précieuses en ce monde! Que de chimères brillantes que nous préférons à la réalité! Que de vérités fâcheuses, et que d'occasions n'avons-nous pas, enfin, de nous écrier avec amertume, que le vrai n'est pas toujours aimable!

Ici l'Artiste, considérant seulement la chose sous le rapport des arts d'imitation, paraît lui-même avoir tourné en ridicule cette maxime, en rendant d'une manière piquante l'enthousiasme risible de ces peintres barbouilleurs qui admirent l'expression du vrai dans la représentation d'une botte ou d'un bois de cerf destiné à former l'enseigne d'un savetier ou d'un cabaret.

N° 48

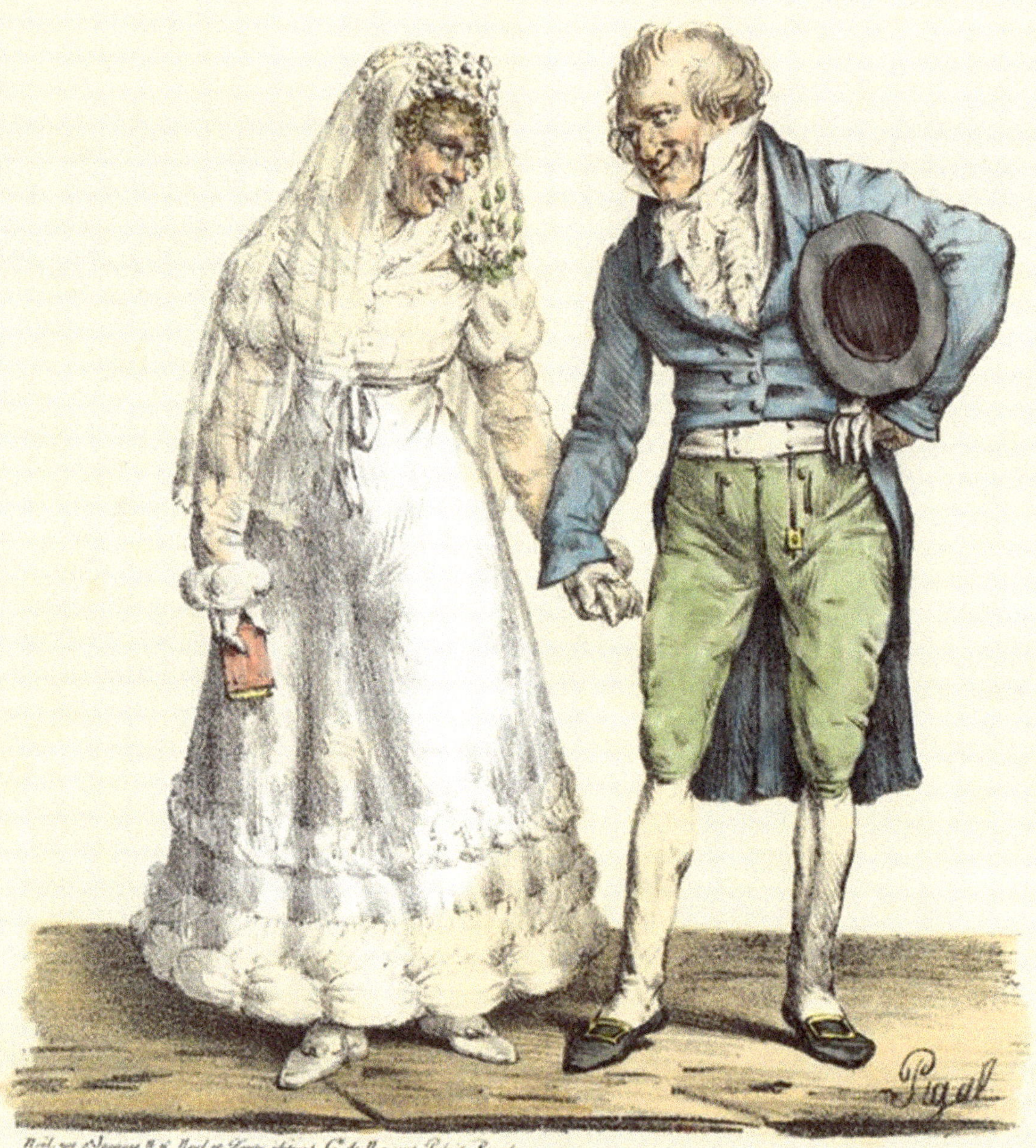

Noël, rue S.t Jacques N.° 16 Noël et Dauty éditeurs G.ie de Nemours Palais Royal

Lith. de Langlumé

Vaut mieux tard que jamais.

N.° 48.

Il vaut mieux tard que jamais.

Déja mademoiselle de Valbrun avait vu renaître cinquante-deux printemps; tout autant de fois les tendres tourterelles avaient renouvelé leur hymen, et mademoiselle de Valbrun était encore fille : la douce *Minette, Fils-fils* l'oiseau chéri, et *la fidèle Carline* avaient tous reçu un époux de sa main, et le sort plus injuste envers elle ne lui en avait point encore accordé. Cependant plus d'un amant s'étaient mis sur les rangs : un petit nombre fut d'abord rebuté par elle; quelques autres virent par diverses causes leur amour traversé: le reste fut volage. Volage!... A cette pensée, elle ne pouvait contenir son dépit. Là-dessus elle consultait son miroir, qui ne manquait pas de lui dire qu'elle avait été jolie. De vieux courtisans assuraient qu'on ne pouvait être plus aimable; et son cœur parlait encore plus éloquemment. Assurément les hommes étaient des monstres, mais des monstres qu'elle chérissait.

Enfin, à cinquante-deux ans il faut prendre un parti, et elle songeait si, selon l'usage, elle ne se ferait pas dévote, lorsque le baron de P... lui offrit sa main : rien n'égala son bonheur. J'aurai donc un époux, s'écria-t-elle, et je pourrai dire : Mon mari... Hélas! à mon âge... N'importe : *Il vaut mieux tard que jamais.* Le Baron, vieux célibataire sans fortune, avait soixante ans, et toute sa vie il avait cherché une riche héritière, dont la dot réparât pour lui les torts de l'aveugle déesse; il en désespérait, lorsque mademoiselle de Valbrun consentit à réaliser ses désirs. C'en est fait, dit-il, mon sort est donc fixé : pourquoi faut-il que je n'aye plus vingt ans? N'importe : *Il vaut mieux tard que jamais.*

N° 49

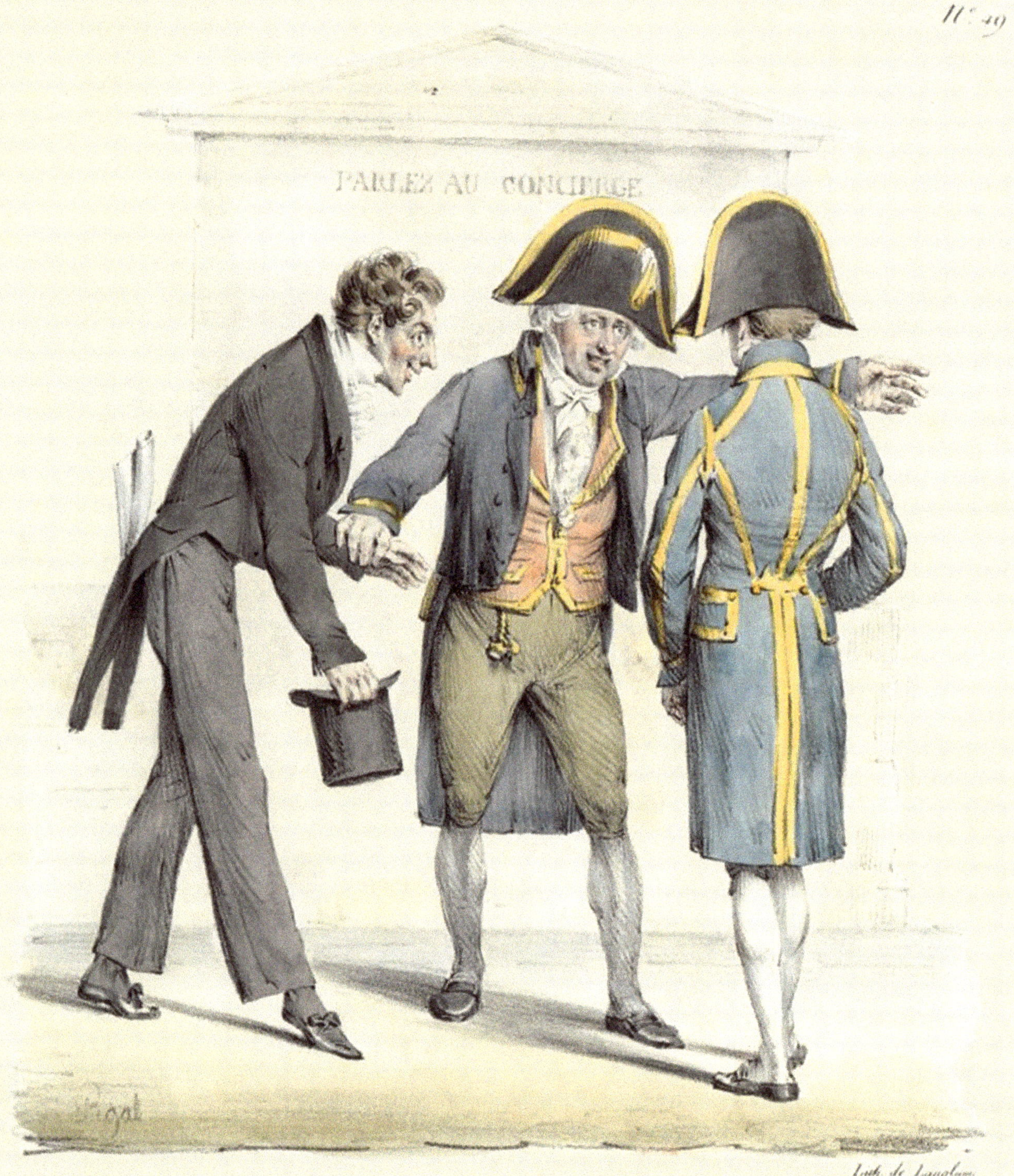

Lith. de Langlumé

Il faut avoir des amis partout.

N.° 49.

Il faut avoir des amis partout.

Ici, par le mot *ami*, on entend moins l'individu qui nous est attaché par les liens du cœur que celui que nous désirons pour appui et pour protecteur.

Un conte ingénieux, mis en vers par un poète aimable du siècle dernier, a été fait sur ce proverbe :

Une dévote, un jour, dans une église,
Offrait un cierge au bienheureux Michel,
Et l'autre au Diable : Oh! oh! quelle méprise!
Mais c'est le Diable; y pensez-vous, ô ciel!
Laissez, dit-elle, il ne m'importe guères;
Il faut toujours penser à l'avenir,
Et les amis sont partout nécessaires.

Que de gens, comme la prudente béate, sacrifient à Dieu et à Baal, et sont toujours préparés à tout événement. N'importe qui obtient leur encens, pourvu qu'avec tout le monde ils trouvent toujours leur compte : aujourd'hui pour Henri, demain pour la Ligue.

Mais aujourd'hui les amis et les protecteurs sont rares.

Aristote disait : O mes amis! il n'y a point d'amis!

Chacun se dit ami, mais fou qui s'y repose :
Rien n'est plus commun que le nom,
Rien n'est plus rare que la chose.

(La Fontaine.)

Vous ressemblez aux hirondelles,
Amis du siècle où nous vivons :
Les beaux jours près de nous vous retiennent comme elles;
Mais quand viennent les aquilons,
Vous vous envolez infidèles.

Deux vrais amis vivaient au Monopotapa;
L'un ne possédant rien qui n'appartînt à l'autre :
Les amis de ce pays-là
Valent bien, dit-on, ceux du nôtre.

(La Fontaine.)

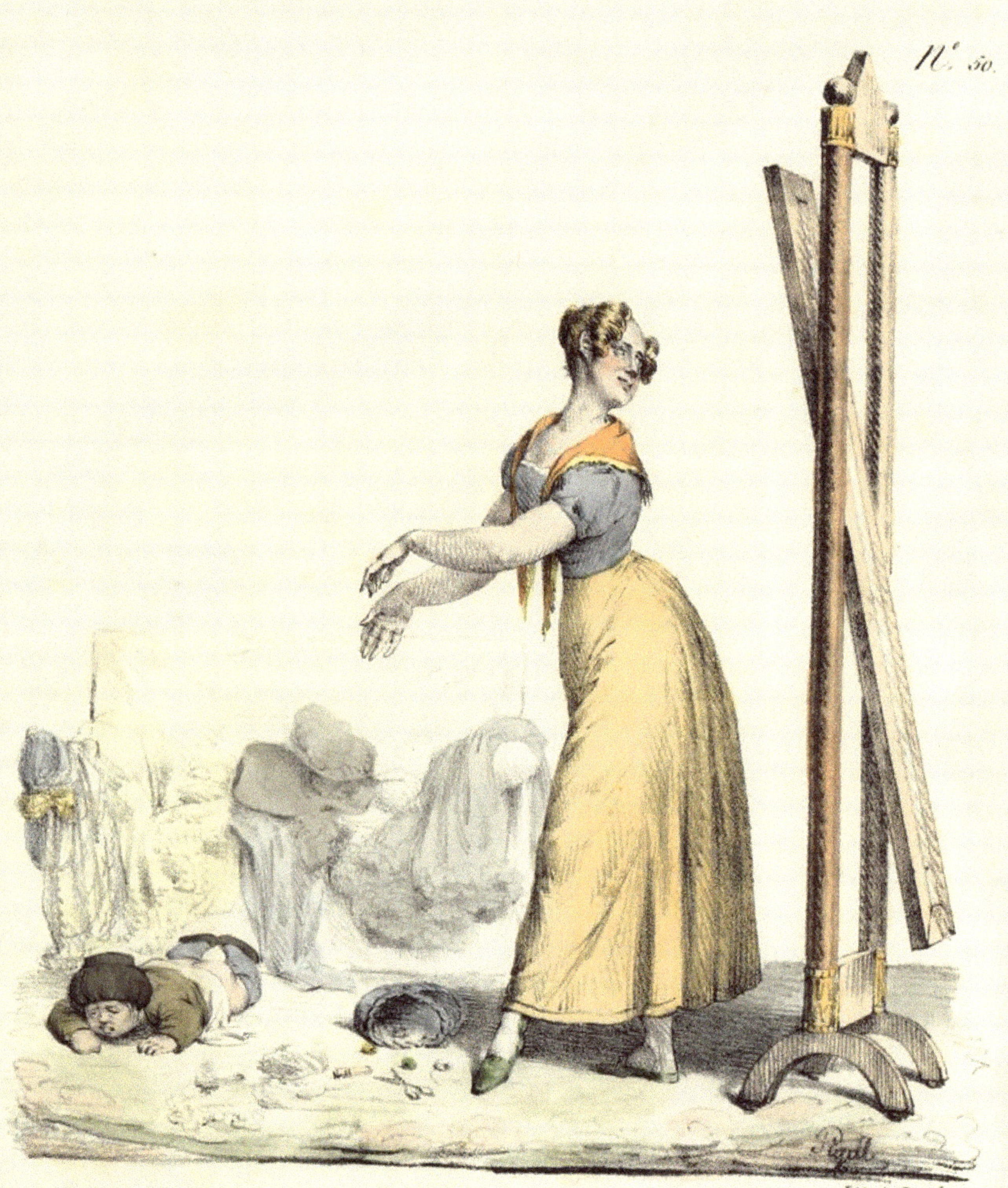

Femme qui souvent se mire peu file.

N.° 50.

Femme qui souvent se mire peu file.

C'EST-A-DIRE que la femme coquette et mondaine s'occupe peu de son ménage, néglige la surveillance de sa maison, et au-lieu de contribuer au bonheur des siens par des occupations utiles et une sage économie, dissipe en folles dépenses sa fortune et les ressources de sa famille.

Presque toujours l'objet le plus important pour une femme, même sage, est de plaire aux hommes et d'attirer leurs regards. Pour parvenir à ce but, elle se persuade souvent que la parure est le moyen le plus certain :

C'est pour eux qu'elle étale et l'or et le brocard,
Que toujours on prodigue et le rouge et le fard,
Et qu'une main savante avec tant d'artifice,
Bâtit de ses cheveux l'élégant édifice.

La plupart des femmes sont plus jalouses de leur beauté que de leur réputation, et plus soigneuses de cacher les secrets de leur toilette que ceux de leur cœur : telle femme qui a besoin d'une matinée pour perfectionner ses charmes, serait plus fâchée d'être surprise dans un certain négligé qu'avec un amant.

Les Européennes ne sont pas les seules pour lesquelles un miroir soit un meuble indispensable; les femmes les moins civilisées sont également sensibles au plaisir de considérer leurs attraits; et l'on sait que lorsque les navigateurs veulent lier quelque commerce avec une peuplade sauvage, ils ont soin de se munir de petits miroirs : le débit de cette marchandise est assuré.

Un poète adresse aux dames les conseils suivans :

Vous êtes belle au printemps de vos jours,
Et vous avez l'heureux talent de plaire.
Mais si votre âge est fait pour les amours,
Cet âge est un éclair, et d'une aile légère
Le temps va le ravir; ce vieillard redouté
Est l'ennemi, dit-on, de la beauté,
Et votre sexe a beaucoup à s'en plaindre.
Amassez donc des biens dont on n'a rien à craindre :
Les vertus, les talens, les grâces, la gaîté,
Les trésors de l'esprit et l'amabilité,
Sont des moyens de rester toujours belles.

N° 51

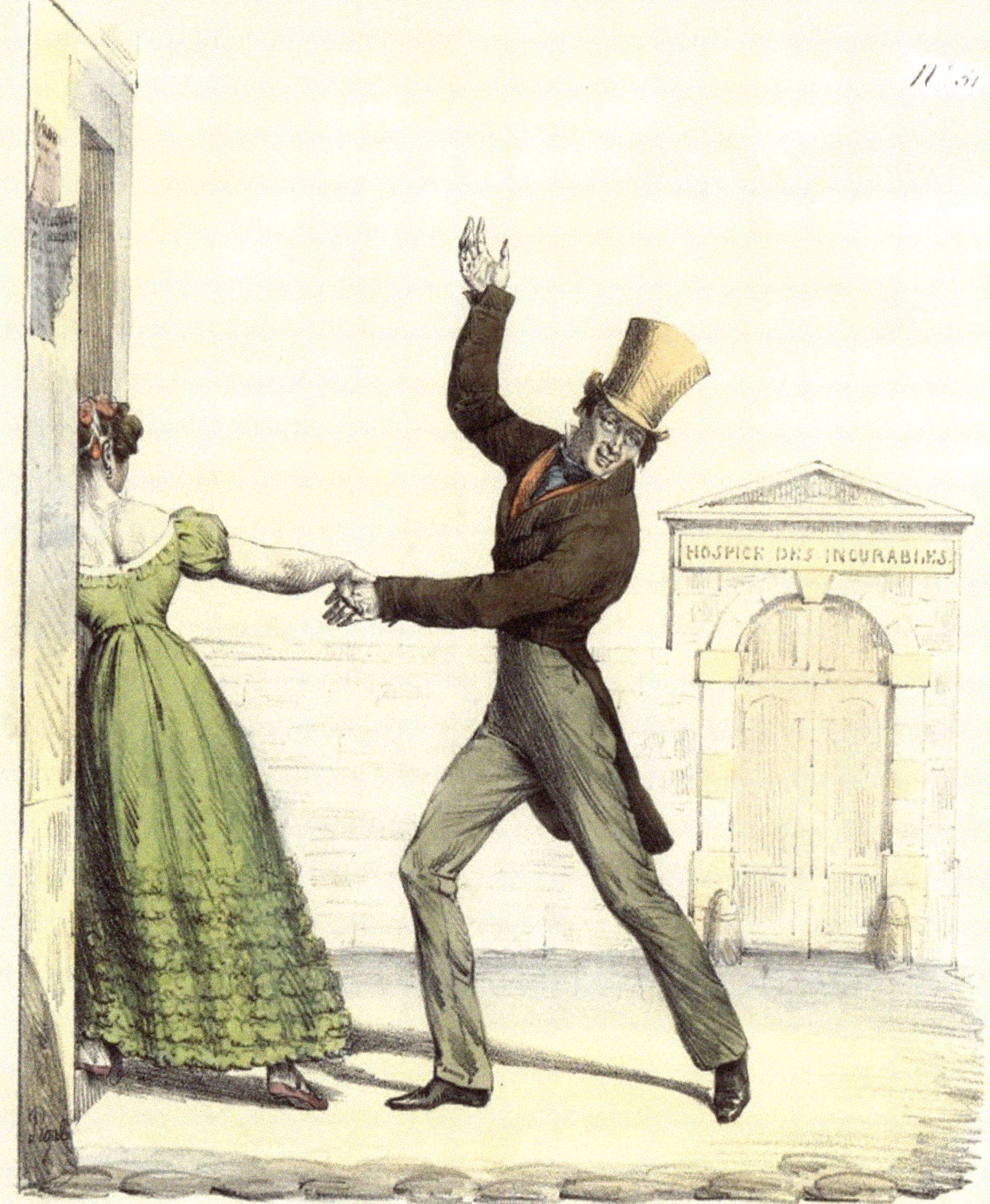

lith. de Langlumé

Péril passé, promesses oubliées.

N.° 51.

Péril passé, promesses oubliées.

Passato periculo, gabbato il santo, dit le proverbe italien. Rien ne coûte à l'homme qui craint ; il invoque avec ferveur, et promet presque toujours plus qu'il ne peut tenir : celui-ci doit se convertir, celui-là fonder une abbaye ; celui-ci fera un pélerinage à la Terre-Sainte, celui-là se fera moine ; mais le danger ne nous menace-t-il plus, nous devenons froids, et nous oublions souvent et la frayeur et le vœu :

.... Combien le péril enrichirait les Dieux,
Si nous nous souvenions des vœux qu'il nous fait faire ;
Mais le péril passé, on ne se souvient guère
De ce qu'on a promis aux Cieux.

Un voyageur s'était embarqué : une tempête furieuse s'élève ; la consternation se répand dans tout l'équipage : notre homme effrayé se met à genoux, et promet en tremblant, à saint Christophe, son patron, un cierge aussi grand et aussi gros que la statue de ce saint que l'on voyait jadis dans l'église de Notre-Dame de Paris. Quelqu'un qui l'écoute, lui fait observer que la chose est impossible, et qu'il ne pourra remplir son vœu. Taisez-vous donc, reprend-il, je promets toujours ; quand je serai sauvé, je verrai ce que je pourrai faire.

N.º 52

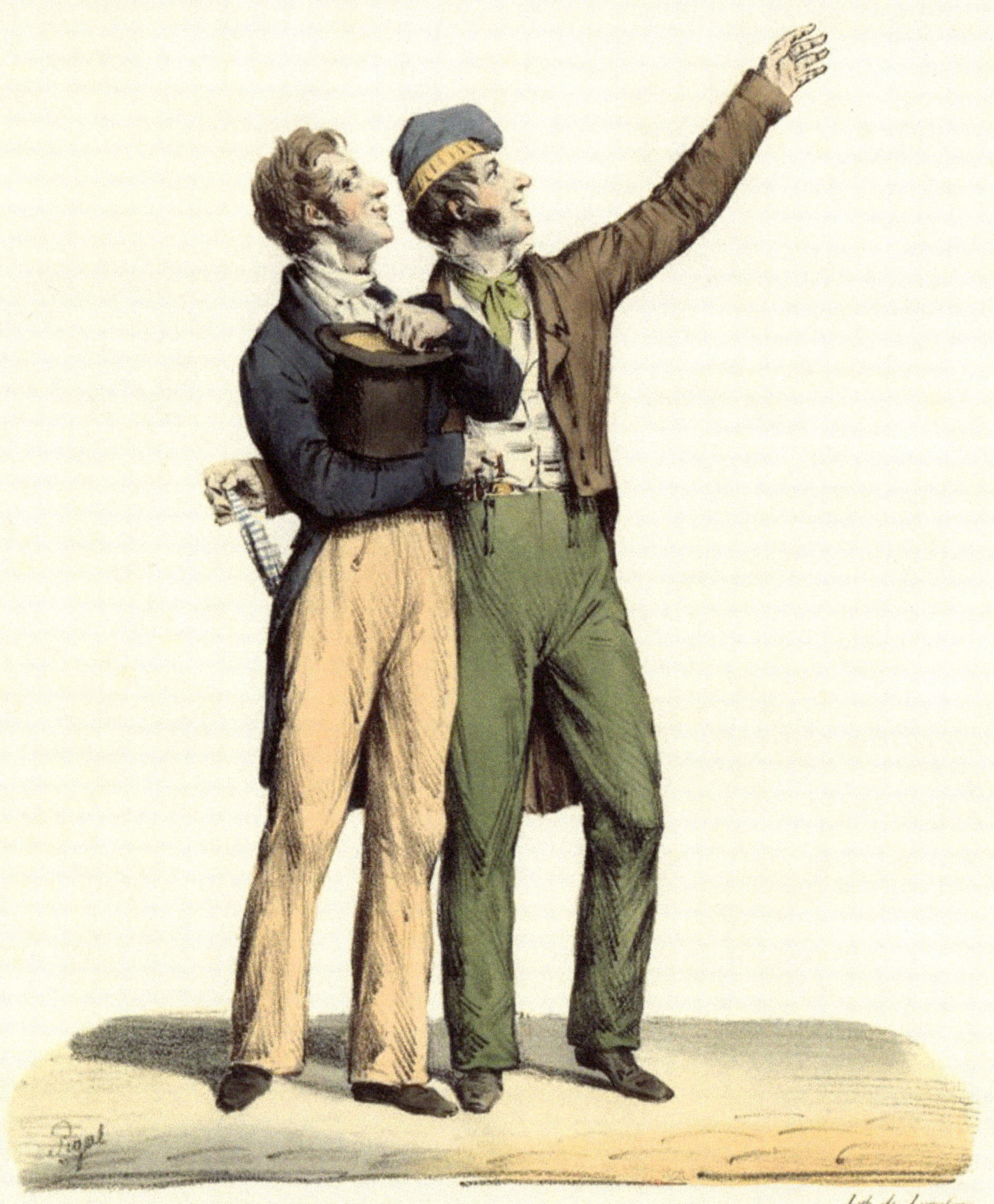

Lith. de Langlumé

A Fripon, fripon et demi.

N.° 52.

A fripon, fripon et demi.

Façon de parler populaire, dont on se sert pour exprimer qu'il n'y a point de fripon si adroit qu'il ne trouve plus adroit que lui. On dit aussi, dans un sens moins positif : *A Normand, Normand et demi ;* ce qui ne signifie point tout-à-fait que les Normands soient des fripons, mais qu'ils sont adroits, fins, cauteleux, plus rusés que bien d'autres : et cela n'empêche pas qu'ils ne trouvent souvent leur maître.

Ici le Dessinateur a mis en scène deux de ces fripons si communs à Paris : quoique leur industrie n'y soit pas autant en honneur qu'autrefois à Lacédémone, ils ne laissent pas d'y faire assaut d'adresse, et mettent presque toujours en défaut la surveillance la plus active ; mais quelquefois ils sont eux-mêmes pris pour dupes. L'un de ceux-ci a cru s'adresser à certain nigaud sans expérience, vrai gibier d'escroc ; et tandis qu'il distrait son attention, en lui montrant d'une main un objet imaginaire, de l'autre il lui dérobe son mouchoir. Mais *à fripon, fripon et demi,* le dupeur est dupé : notre hypocrite, plus rusé que son confrère, quand il perd son mouchoir, lui soulève sa montre.

Ce ne sont là cependant que tours de passe-passe, abandonnés au vulgaire. Il est des escamoteurs d'un rang plus élevé : c'est dans les antichambres, à la Cour, dans les salons, à la Bourse, au Palais, qu'il faut craindre de les rencontrer, d'autant plus redoutables qu'ils revêtent des formes plus séduisantes et plus variées. A défaut d'autres victimes, on les voit se faire entre eux une guerre à outrance. Tel croit tendre un piége inévitable, qui se laisse prendre dans des filets invisibles ; tel autre est ruiné, quand il croit ravir une fortune ; celui-là pense éloigner un favori, quand il est lui-même évincé ; celui-là veut enlever le cœur d'une maîtresse à celui-ci qui séduit sa femme ou sa fille. Tel est le monde ici-bas, et le sort des pauvres humains : tour-à-tour trompeurs ou trompés, le plus adroit est le plus heureux.

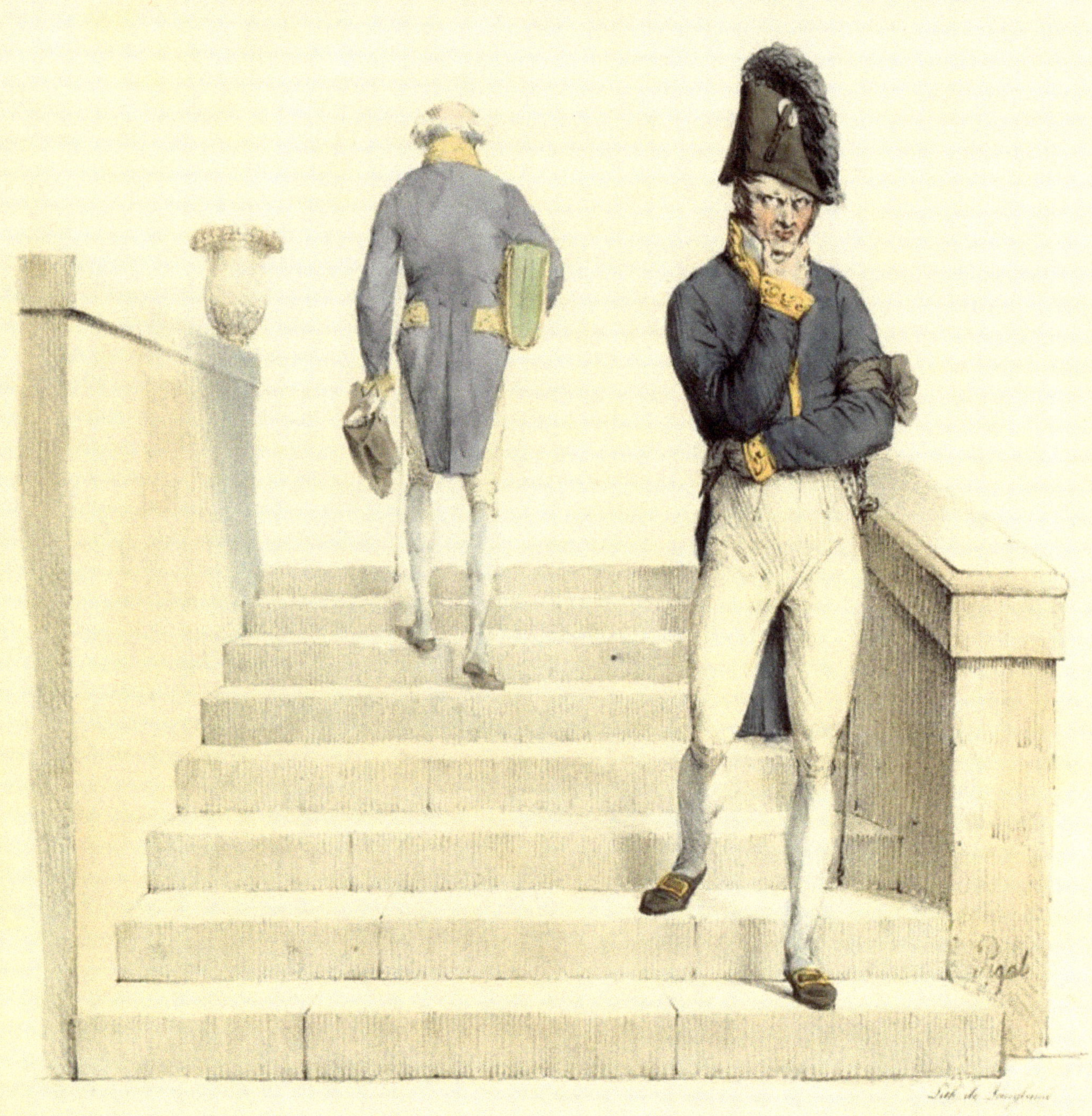

Lith. de Langlumé

Un clou chasse l'autre.

N.° 53.

Un clou chasse l'autre.

Au physique, c'est une des lois immuables de la nature, et le principe de la reproduction des êtres : un individu naît, un autre à l'heure même descend dans le ténébreux séjour ; c'est ainsi que tout se succède, non en périssant, car rien n'est détruit dans l'Univers, mais en revêtant une forme nouvelle ; non en cessant d'exister, mais en changeant seulement de manière d'exister.

> Chaque instant chasse l'autre, et lui-même à son tour
> Cède à celui qui va le suivre.

Au moral, ce proverbe peint l'agitation perpétuelle des événemens du Monde, l'instabilité des choses humaines, l'effet de nos passions, de nos intérêts opposés, de l'égoïsme, de l'ambition. C'est particulièrement à la Cour et dans les rangs élevés de la société que l'on peut observer ces fréquentes successions d'individus. Là chacun culbute, et bientôt est culbuté.

On a comparé le monde à un mât de cocagne ou à une joute sur l'eau : les concurrens se précipitent pour remplacer celui qui est tombé, ou qui ne peut plus monter. Heureux quand le plus faible n'est pas écarté par le plus fort ou le plus adroit.

Tel paraissait affermi au timon de l'État, qui demain rentre dans la foule commune d'où il est sorti. Un autre parvient, qui le cède bientôt à un suivant. Telle favorite d'hier est aujourd'hui reléguée dans un couvent, et voit le triomphe de sa rivale. Enfin, chaque chose sur la terre n'a qu'une durée limitée, et celle-ci commence où celle-là finit. D'insipides jours succèdent aux douces premières nuits des noces, les larmes à la joie, la misère à l'opulence, les rides à la fraîcheur, la paix aux troubles, la pluie au beau temps, la dévotion à la coquetterie, la faiblesse à la force, etc., etc.

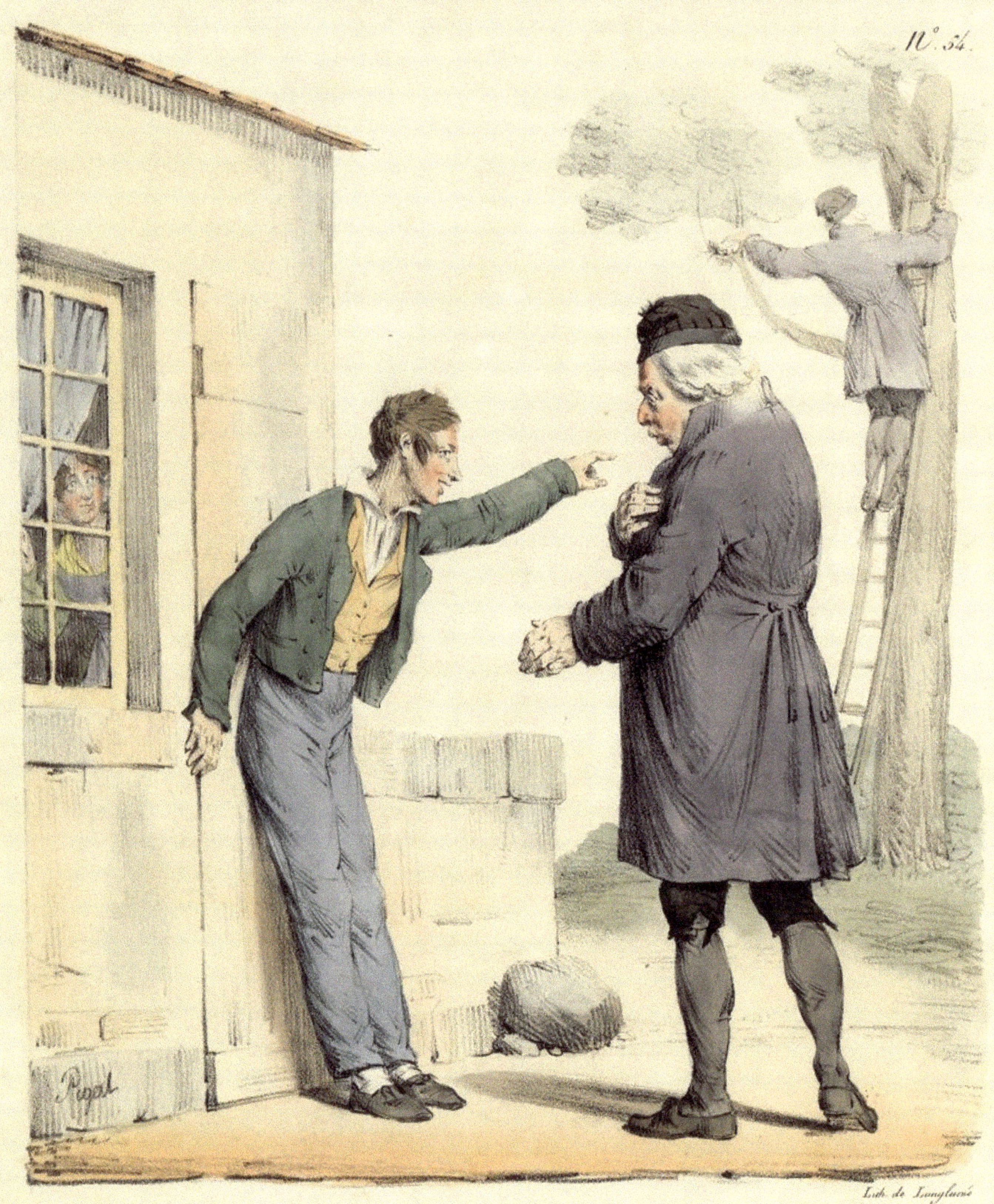

Lith. de Langlumé

A d'autres, dénicheur de merles!

N.° 54.

A d'autres, dénicheur de merles.

Un petit conte plein de naïveté a donné lieu à ce proverbe, qui signifie que quand on a été trompé une fois, on ne s'expose pas à l'être une seconde.

Un jeune manant étant allé à confesse à son curé, s'accusa d'avoir rompu la haie de son voisin, pour aller reconnaître un nid de merles. Le curé lui demanda si les merles étaient pris. — Non, répondit-il, je ne les trouve pas assez forts, et je n'irai les dénicher que samedi au soir. Le curé, plus alerte, y alla le samedi matin, et les dénicha lui-même. L'autre ayant trouvé la place vide, ne douta point de la supercherie du curé; mais il n'osa lui en rien dire. Un jubilé l'ayant obligé de retourner à confesse, trois ou quatre mois après, il s'accusa d'aimer une jeune paysanne extrêmement jolie, pour obtenir ses faveurs. — Quel âge a-t-elle? dit le curé. — Dix-sept ou dix-huit ans, répondit-il. — Belle, sans doute? — La plus jolie de tout le village, vous dis-je. — Et dans quelle rue demeure-t-elle? ajoute promptement le curé. — *A d'autres, dénicheur de merles*, lui répliqua le manant; on ne m'attrape pas deux fois.

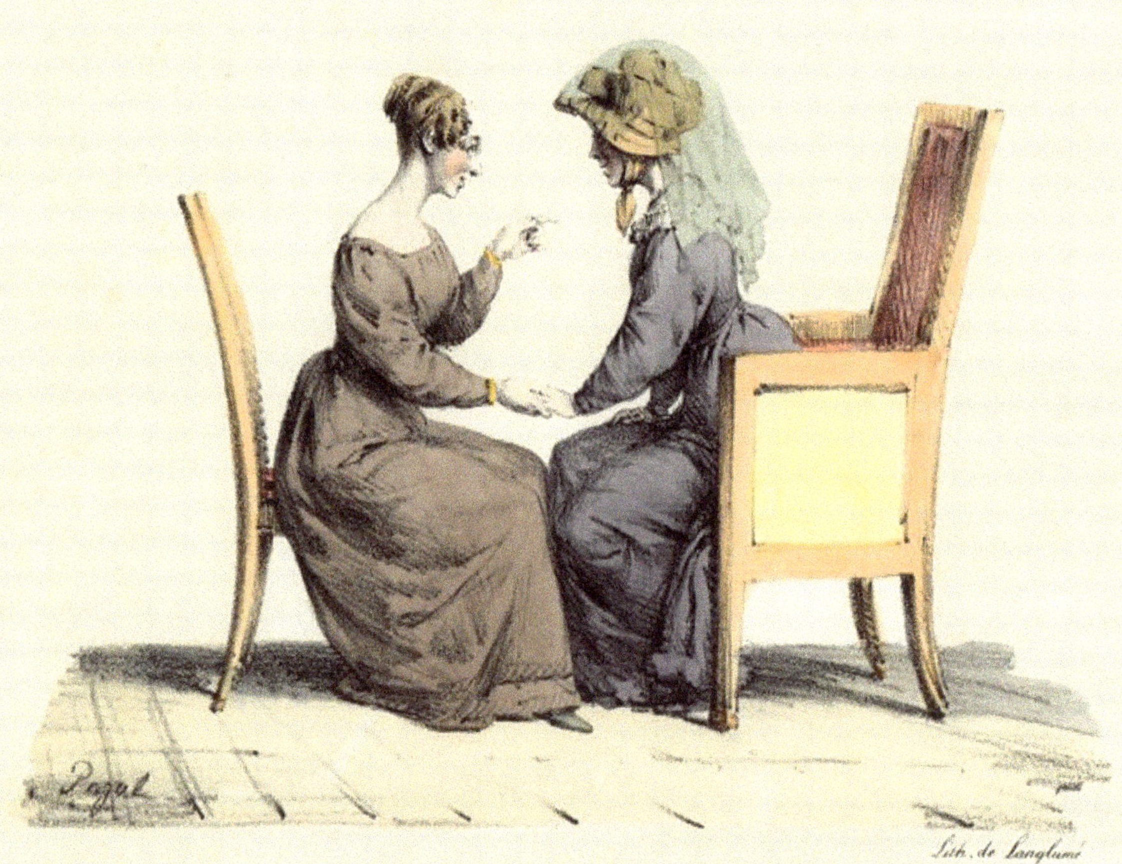

Aujourd'hui ami, demain ennemi.

N.° 55.

Aujourd'hui ami, demain ennemi.

Avis salutaire à ceux qui livrent trop facilement leur intérieur à la discrétion d'amis équivoques, ou qui, dans les épanchemens d'une familiarité trop intime, s'exposent à regretter, après une rupture, d'avoir eu des témoins de leur faiblesse ou des confidens de leurs pensées secrètes.

Jeunes femmes que l'expérience n'a point encore instruites, et dont l'âme ingénue a besoin de faire partager avec celle que vous croyez devoir être toujours votre amie, vos affections, vos sensations, vos peines et vos plaisirs, songez à la versatilité du cœur humain et des liaisons éphémères. Aujourd'hui ami, on reçoit vos aveux, on excuse vos fautes, on encourage vos imprudences, on approuve tout, on profite de tout. Demain ennemi, on vous déchire, on vous condamne, on vous montre au doigt, et on vous perd d'autant plus facilement, que vous avez vous-même fourni les traits les plus acérés.

Gens qu'un audacieux complot a réunis contre la patrie, l'innocence ou l'orphelin, vous êtes amis tant qu'un but criminel exige votre union; mais si l'intérêt particulier ou le glaive des lois vous divise, bientôt ennemis, trahis, accusés l'un par l'autre, vous maudissez en rugissant et trop tard, l'égoïsme et la perfidie de vos amis infidèles; heureux du-moins si ces exemples fréquens pouvaient prévenir à l'avenir vos monstrueuses associations.

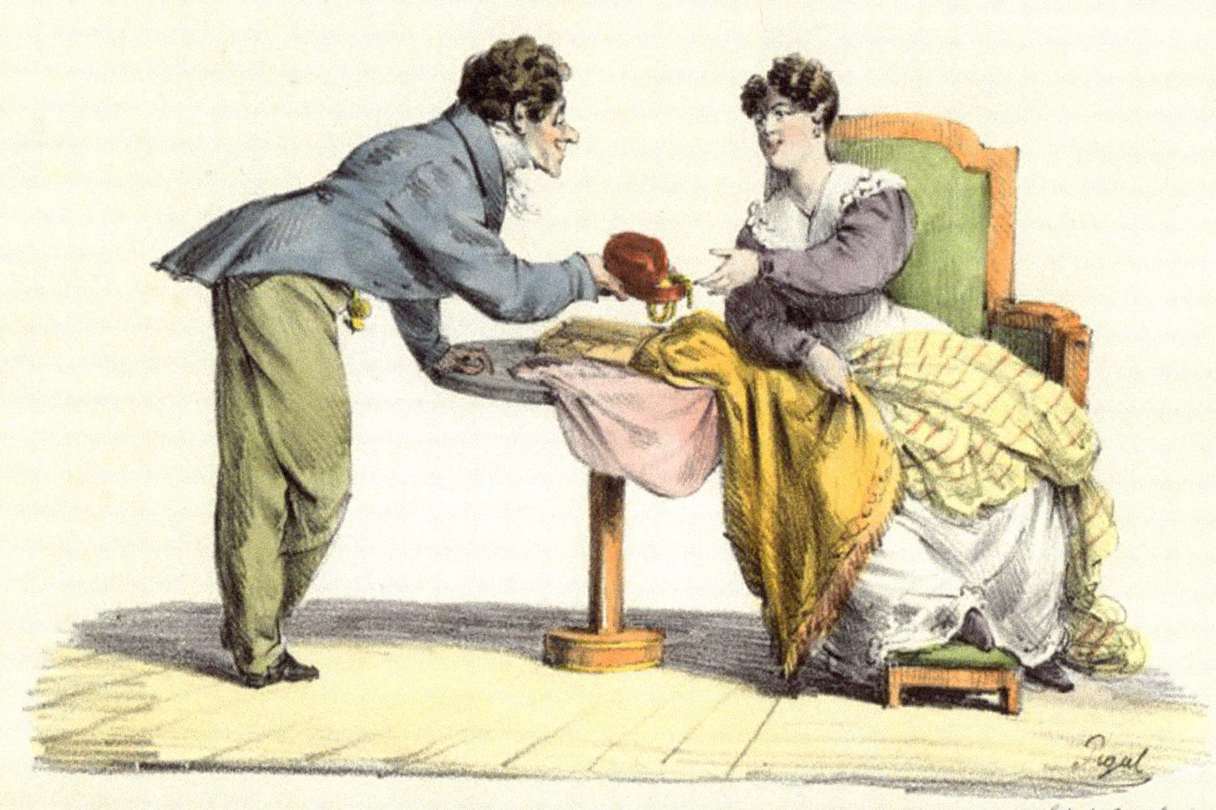

Les petits présens entretiennent l'amitié.

N.° 56.

Les petits Présens entretiennent l'amitié.

Deux mobiles puissans dirigent seuls, a dit un observateur, les actions des humains : l'amour et l'intérêt; mais ce dernier l'emporte de beaucoup sur l'autre; il se mêle à tout, même aux plus tendres affections du cœur, et influe presque toujours sur leur plus ou moins de durée : de là la vérité de l'adage, *les petits Présens entretiennent l'amitié*. Mais en dépit du dicton populaire, nous aimons à penser qu'il existe des cœurs unis par le sentiment le plus pur et le plus désintéressé, des âmes généreuses, difficiles à rencontrer, peut-être, mais dont la constance est à l'abri des revers de la fortune ou des caprices du sort; et mainte histoire sans doute pourrait au besoin nous en fournir la preuve.

Il est un autre genre d'amis et d'amitié beaucoup plus ordinaire, et c'est à ce genre que doit plus particulièrement s'appliquer le proverbe. Ce sont ces liaisons contractées dans la société, dont l'intérêt privé n'est pas précisément la base, mais qui n'ont pas non plus la sympathie des cœurs pour garantie de leur durée : certaines convenances dans les goûts, l'habitude, le voisinage, des services réciproques, le besoin de s'attacher à quelque chose sans savoir précisément à quoi l'on s'attache, forment ces amitiés, aussi fragiles que leurs fondemens; il faut pour ainsi dire les recimenter quand on sent qu'elles s'affaiblissent; et on se croit obligé de se rappeler mutuellement qu'on est ami : de là les prévenances, les bons offices et les petits présens.

Un amant suranné désire-t-il conserver l'*amitié* de la Chloris qui le charme? Rien de plus efficace qu'un petit présent, offert à propos et de bonne grâce.

Une jeune femme veut-elle se maintenir en bonne intelligence avec une amie confidente? Qu'elle ne néglige pas les petits présens.

Enfin auriez-vous le rare avantage d'avoir un ami protecteur, et plus encore besoin de le conserver? N'oubliez jamais quels heureux résultats peuvent avoir les petits présens.

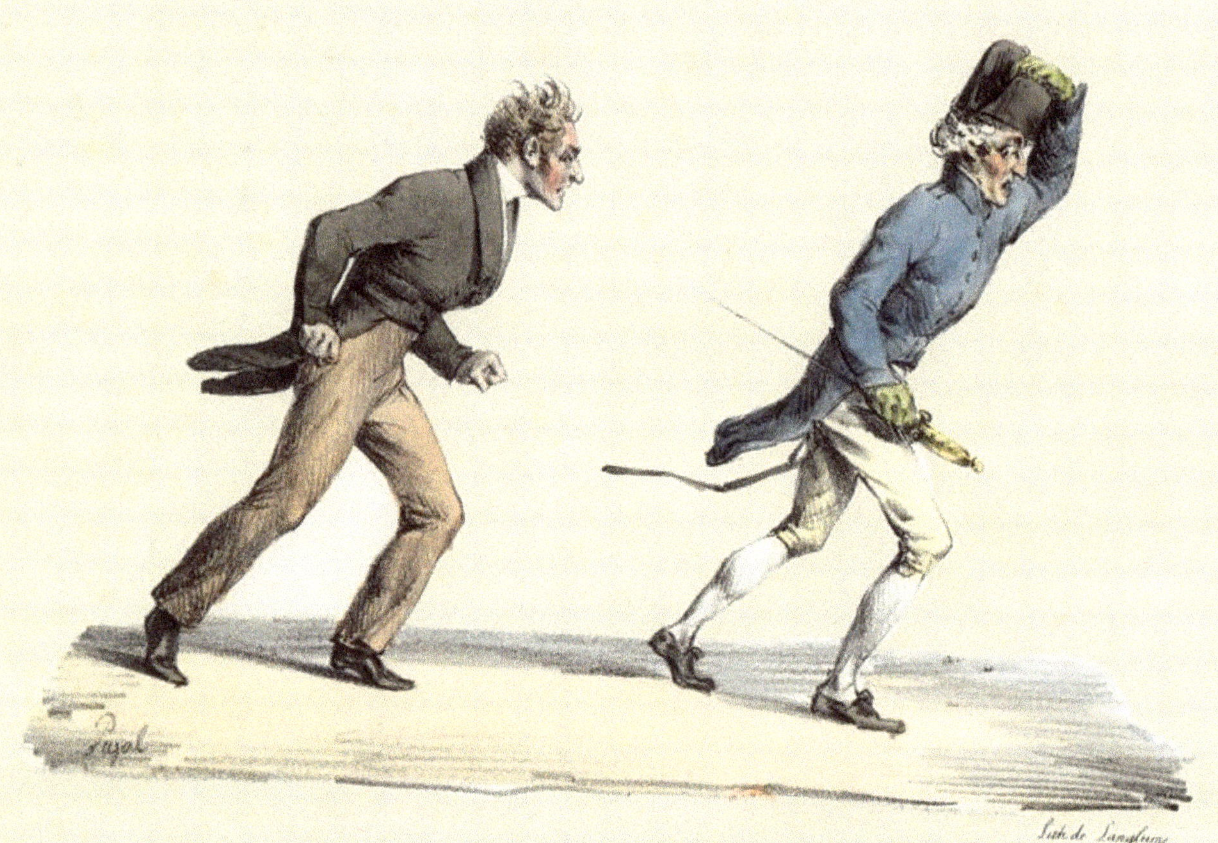

Lith. de Langlume

Il ne faut pas s'en rapporter à l'étiquette du sac.

N.° 56.

Les petits Présens entretiennent l'amitié.

Deux mobiles puissans dirigent seuls, a dit un observateur, les actions des humains : l'amour et l'intérêt; mais ce dernier l'emporte de beaucoup sur l'autre; il se mêle à tout, même aux plus tendres affections du cœur, et influe presque toujours sur leur plus ou moins de durée : de là la vérité de l'adage, *les petits Présens entretiennent l'amitié*. Mais en dépit du dicton populaire, nous aimons à penser qu'il existe des cœurs unis par le sentiment le plus pur et le plus désintéressé, des âmes généreuses, difficiles à rencontrer, peut-être, mais dont la constance est à l'abri des revers de la fortune ou des caprices du sort; et mainte histoire sans doute pourrait au besoin nous en fournir la preuve.

Il est un autre genre d'amis et d'amitié beaucoup plus ordinaire, et c'est à ce genre que doit plus particulièrement s'appliquer le proverbe. Ce sont ces liaisons contractées dans la société, dont l'intérêt privé n'est pas précisément la base, mais qui n'ont pas non plus la sympathie des cœurs pour garantie de leur durée : certaines convenances dans les goûts, l'habitude, le voisinage, des services réciproques, le besoin de s'attacher à quelque chose sans savoir précisément à quoi l'on s'attache, forment ces amitiés, aussi fragiles que leurs fondemens; il faut pour ainsi dire les recimenter quand on sent qu'elles s'affaiblissent; et on se croit obligé de se rappeler mutuellement qu'on est ami : de là les prévenances, les bons offices et les petits présens.

Un amant suranné désire-t-il conserver l'*amitié* de la Chloris qui le charme? Rien de plus efficace qu'un petit présent, offert à propos et de bonne grâce.

Une jeune femme veut-elle se maintenir en bonne intelligence avec une amie confidente ? Qu'elle ne néglige pas les petits présens.

Enfin auriez-vous le rare avantage d'avoir un ami protecteur, et plus encore besoin de le conserver ? N'oubliez jamais quels heureux résultats peuvent avoir les petits présens.

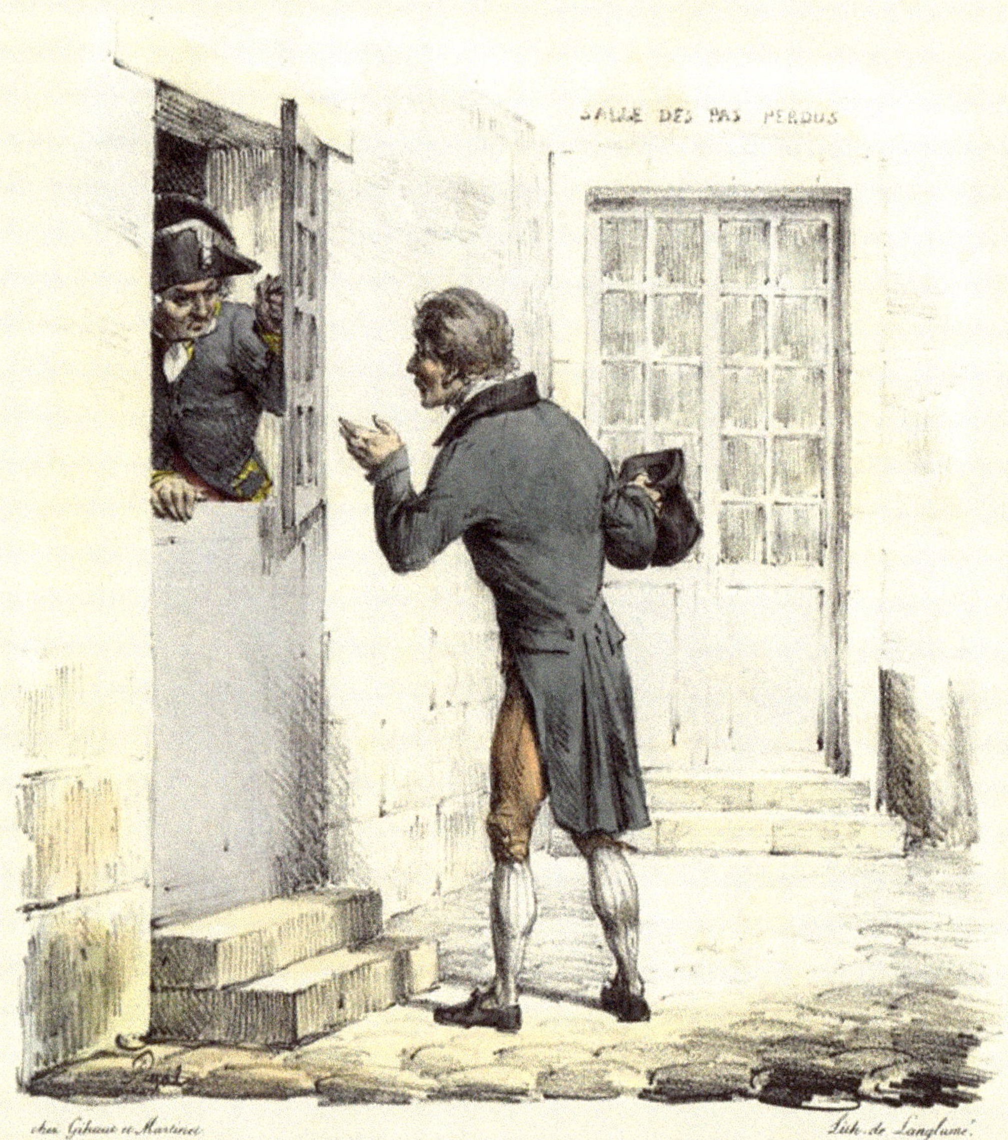

chez Gihaut et Martinet Lith. de Langlumé.

Point d'argent point de Suisse.

N.° 58.

Point d'argent, point de Suisse.

L'ORIGINE et le vrai sens de ce proverbe ne sont pas bien connus, quoiqu'on en fasse un fréquent usage, et que plus d'un pauvre quidam ait eu souvent l'occasion d'en apprécier la justesse.

On l'emploie, au figuré, pour exprimer que tout ici bas est vénal et ne s'obtient qu'au poids de l'or. Entrées, audiences, justice, faveurs, sont le partage exclusif de celui dont la bourse bien garnie peut s'ouvrir à propos. Pour le solliciteur épuisé, les portes sont fermées : *Point d'argent, point de suisse.*

Amateurs de ces nymphes au pied léger, de ces sémillantes bayadères, de ces vestales.... d'opéra, toujours sensibles à l'harmonie de certains sons argentins ou à l'éclat des tissus du Thibet, êtes-vous ruinés? Déposez l'arc et le carquois; pour vous elles seront cruelles : *Point d'argent, point de suisse.*

Et vous, infortunés plus à plaindre peut-être, à qui l'injuste destin n'a point donné des ressources proportionnées à la capacité de l'estomac et aux besoins d'un appétit sans cesse renaissant; si vous craignez le supplice de Tantale, gardez-vous de jeter un regard furtif dans ces lieux où s'assemblent à certaines heures les heureux disciples de Comus? Ce n'est pas pour vous que l'ortolan s'apprête et que le champagne s'élève en flots écumeux: *Point d'argent, point de suisse.*

Proverbes. N° 2

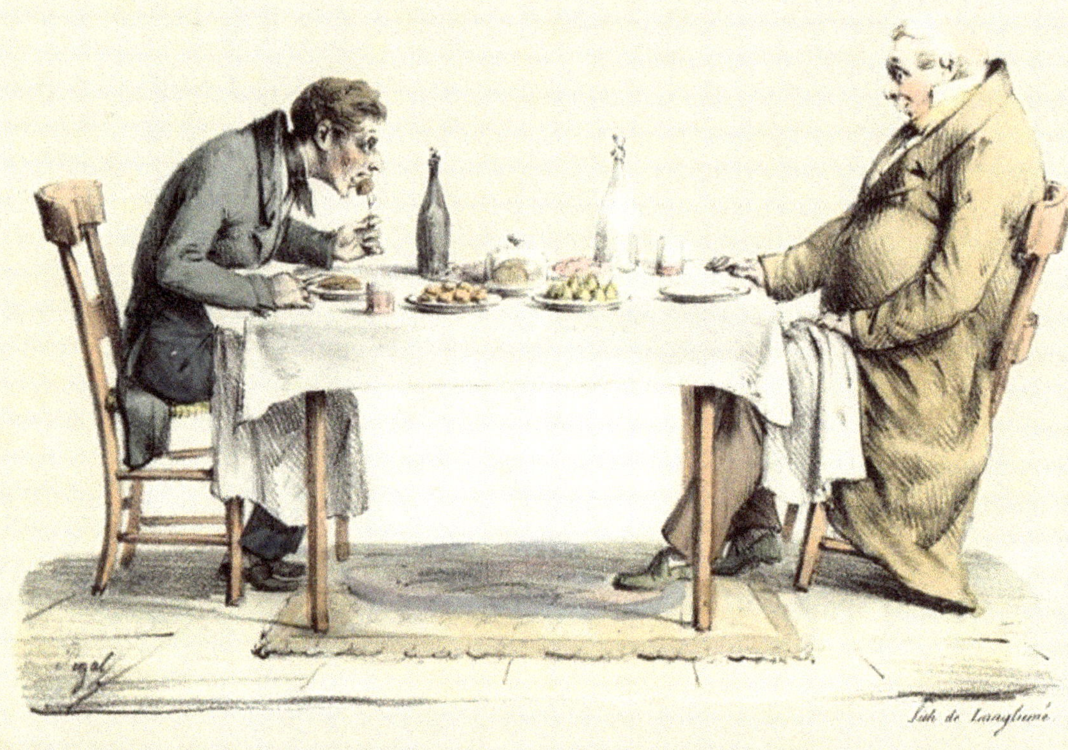

L'appétit vient en mangeant.

N.° 59.

L'appétit vient en mangeant.

Cette façon de s'exprimer est d'une application beaucoup plus juste et beaucoup plus étendue au moral qu'au physique : elle signifie, en général, que lorsqu'on a cédé, même avec une sorte d'indifférence, à un premier besoin ou à un premier désir, on finit par en éprouver bientôt de plus impérieux et de plus multipliés.

La nature a mis des bornes aux forces physiques, et, quelque vifs que soient les plaisirs de la table, le plus intrépide gastronome est enfin obligé de les suspendre. Au moral, il n'en est point ainsi; nos passions semblent s'accroître à mesure qu'on les satisfait. L'ambition surtout, la soif de l'or, le goût pour le jeu, le luxe, la galanterie, sont des appétits pour lesquels il n'y a point de satiété, et qu'irritent davantage les alimens qu'on leur donne.

Delcourt, fils d'un praticien de petite ville, briguait il y a vingt ans une modeste place de chef de bureau, objet, disait-il, de tous ses vœux; il est aujourd'hui préfet; il intrigue pour une direction générale et voit un ministère en perspective; l'*appetit vient en mangeant :* quinze années plus tôt, un tel homme aurait aperçu un sceptre dans son horoscope. Lise, il y a quelques mois, perdit son innocence, et gagna, dans les bras d'un jeune commis de l'octroi, un fort joli cachemire de Lyon, qu'elle porta pour la première fois avec un peu de timidité; mais l'appétit devait venir en mangeant ; Lise est aujourd'hui plus exigeante; les trésors du Mexique et les plus riches tissus de l'Inde, même présentés par la main d'une Excellence, obtiennent à peine un sourire de gratitude. Quel est cet homme plus riche que les rois, qui n'additionne que des millions, et qui pourrait bien tenir dans sa caisse les destinées des empires.....? C'est un homme à qui l'appétit est venu en mangeant.

Proverbes N°.

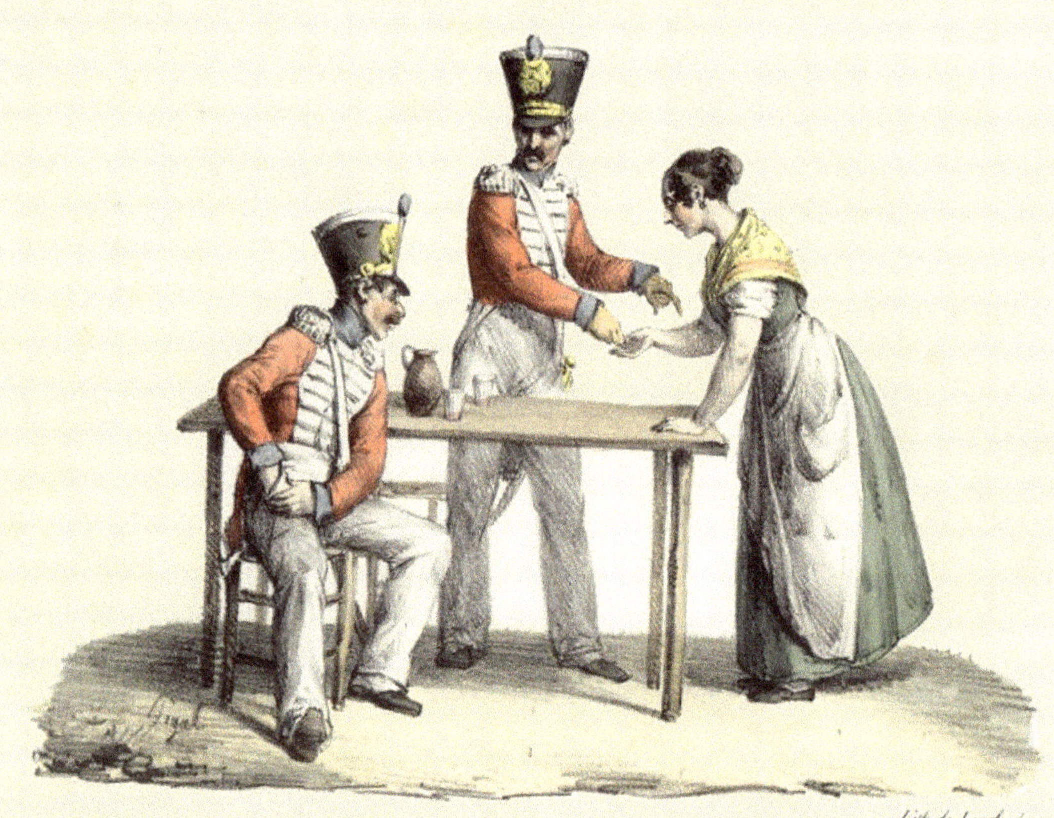

Lith. de Langlumé

Les bons comptes font les bons amis

N.° 60.

Les bons comptes font les bons amis.

POUR représenter ce proverbe, l'Artiste a choisi une de ces scènes si fréquentes en garnison, et a su, dans son dessin, rivaliser le crayon spirituel des maîtres du genre.

Un conscrit novice, et qui n'a point encore perdu la franche bonhomie du village, accepte, avec honneur et plaisir, de vider chopine avec un ancien du régiment qui prend soin de le former : il riposte, c'est juste; les fumées du Surêne doublent les élans de sa générosité, et les bouteilles se multiplient; mais l'heure de la retraite a sonné; l'hôtesse est appelée : allons, Fanfan, *les bons comptes font les bons amis.* Il faut s'exécuter, et tirer du gousset la petite monnaie que la prévoyance paternelle y avait glissée, en recommandant l'économie. Il se console, il a fait un ami.

Pourquoi tant d'autres ont-ils le secret de faire mentir le proverbe, et possèdent-ils impunément l'art de ne jamais compter?

Les bons comptes font les bons amis, dit le pupille à l'usurier qui dévore son héritage. *Les bons comptes font les bons amis*, répète inutilement le seigneur à son intendant. *Les bons comptes font les bons amis*, observe à son associé le négociant sans expérience. *Les bons comptes font les bons amis*, s'écrie sans cesse à la tribune le mandataire du peuple qui vote le budget. *Les bons comptes font les bons amis*, prêche en vain au pécheur endurci, le ministre des cieux.

Oui, répondent-ils tous; patience... Demain, nous compterons.

Proverbes. N° 61.

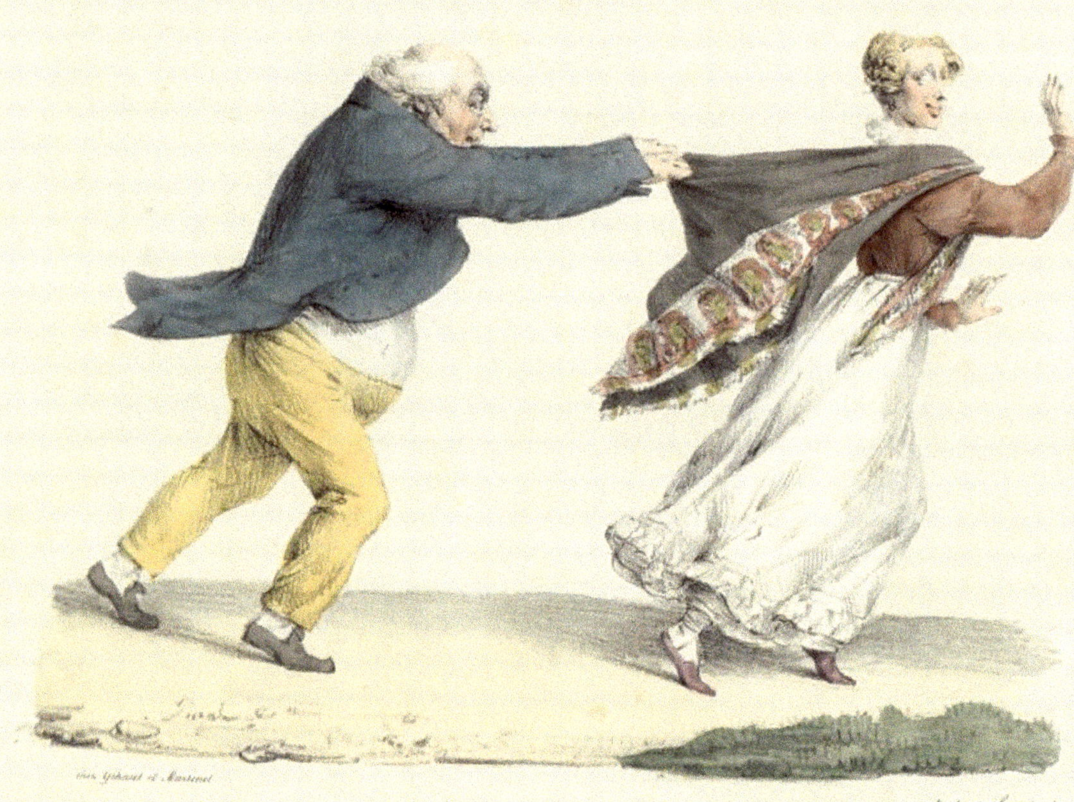

chez Gihaut et Martinet

Lith. de Langlumé

Mieux vaut le lien que la gerbe.

N.° 61.

Mieux vaut le lien que la gerbe.

Expression peu galante, que l'on emploie pour désigner une femme ou laide ou méchante, sans esprit ou d'une conduite équivoque, et quelquefois tout ensemble; mais qui se fait remarquer, et captive certains respects hypocrites par une mise riche, trop recherchée, et souvent au-dessus de son état.

Ce proverbe, qui n'est plus d'usage aujourd'hui, remonte au temps où les dames portaient, au nombre de leurs principaux atours, une ceinture dorée, ordinairement d'un grand prix, et que l'on comparait au lien qui entoure la gerbe. On sait que cette ceinture n'était pas seulement un ornement, mais encore une marque distinctive d'honneur, interdite aux femmes qui avaient donné quelqu'atteinte publique à leur réputation. De là naquit aussi cet autre proverbe non moins connu: *Bonne renommée vaut mieux que ceinture dorée;* car on sentait que cet indice ostensible n'était pas toujours une recommandation bien certaine. Aujourd'hui, les ceintures ne sont plus dorées, et nos dames sont au-dessus d'une pareille distinction; elles la porteraient toutes, nonobstant les *si* et les *mais;* et quel impertinent oserait dire impunément: *Le lien vaut mieux que la gerbe?* A-moins que ce ne fût un mari sans usage ou un amant dupé; mais alors cela ne tire pas à conséquence.

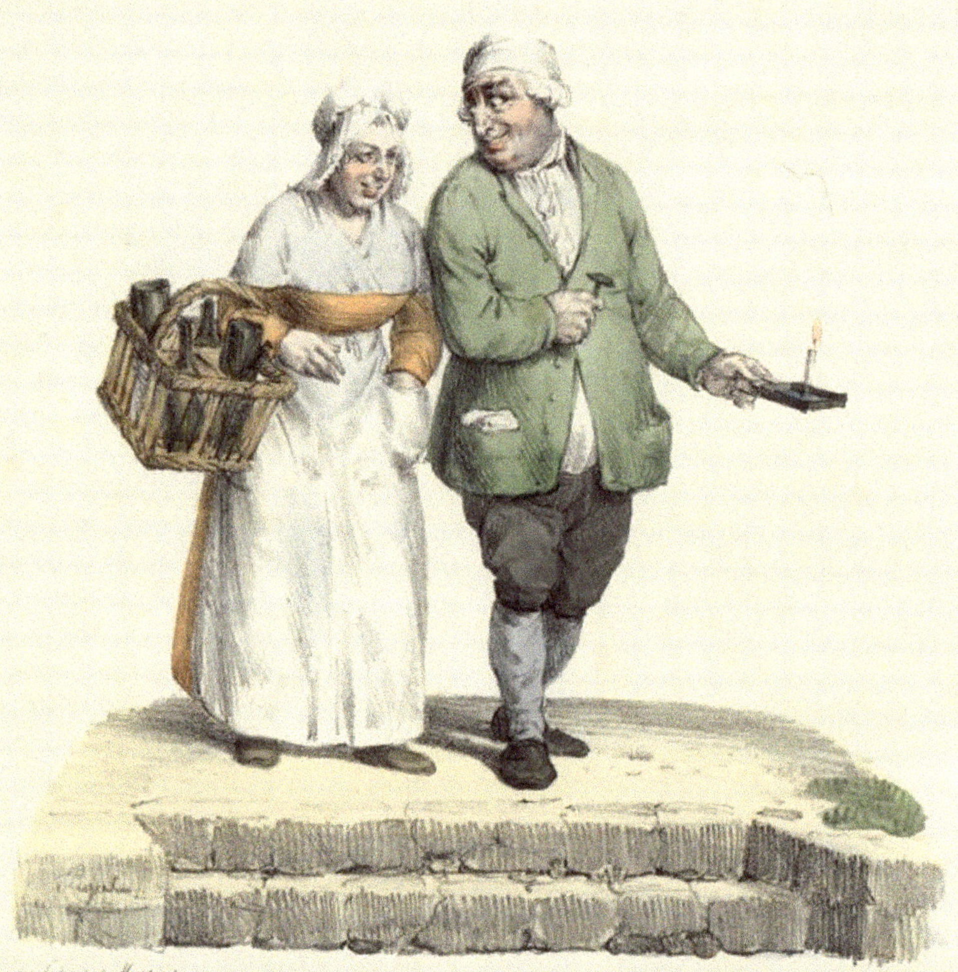

L'œil du Maître.

N.° 62.

L'Œil du Maître.

L'œil du maître vaut fumier, dit-on en langage d'agriculture : c'est-à-dire que l'on fait mieux ses affaires soi-même que par les mains des autres, et que si l'on est forcé de les confier à des soins étrangers et mercenaires, une active surveillance, une attention minutieuse dans les détails, et partout la présence du chef, sont la garantie la plus sûre d'une bonne administration, d'une utile économie, et par-conséquent de la prospérité publique ou particulière.

On sait plus que jamais, aujourd'hui, ce que vaut l'œil du maître; et bon nombre ont appris que ce n'est point déroger de porter quelquefois ses pas dans les sillons que trace la charrue, de compter avec les moissonneurs les gerbes qu'on engrange, de régler avec son intendant, d'additionner les mémoires des fournisseurs, de vérifier la caisse et les livres du commis, de visiter par fois sa cuisine et souvent sa cave.

Grands et petits, nobles et roturiers, citadins ou villageois ne s'endorment plus dans une pernicieuse indifférence; tous veulent y voir clair : il n'est point de petits intérêts qui ne méritent qu'on y veille, et le temps n'est bientôt plus, ou les gens d'affaires faisaient leurs affaires.

Princes dont le soin le plus cher est la gloire et le bonheur de vos peuples, votre sommeil surtout serait funeste; ne perdez pas de vue ceux à qui vous confiez le pouvoir, et dans les actes d'un gouvernement paternel, apportez souvent *l'œil du maître*.

Proverbes.

N.° 63.

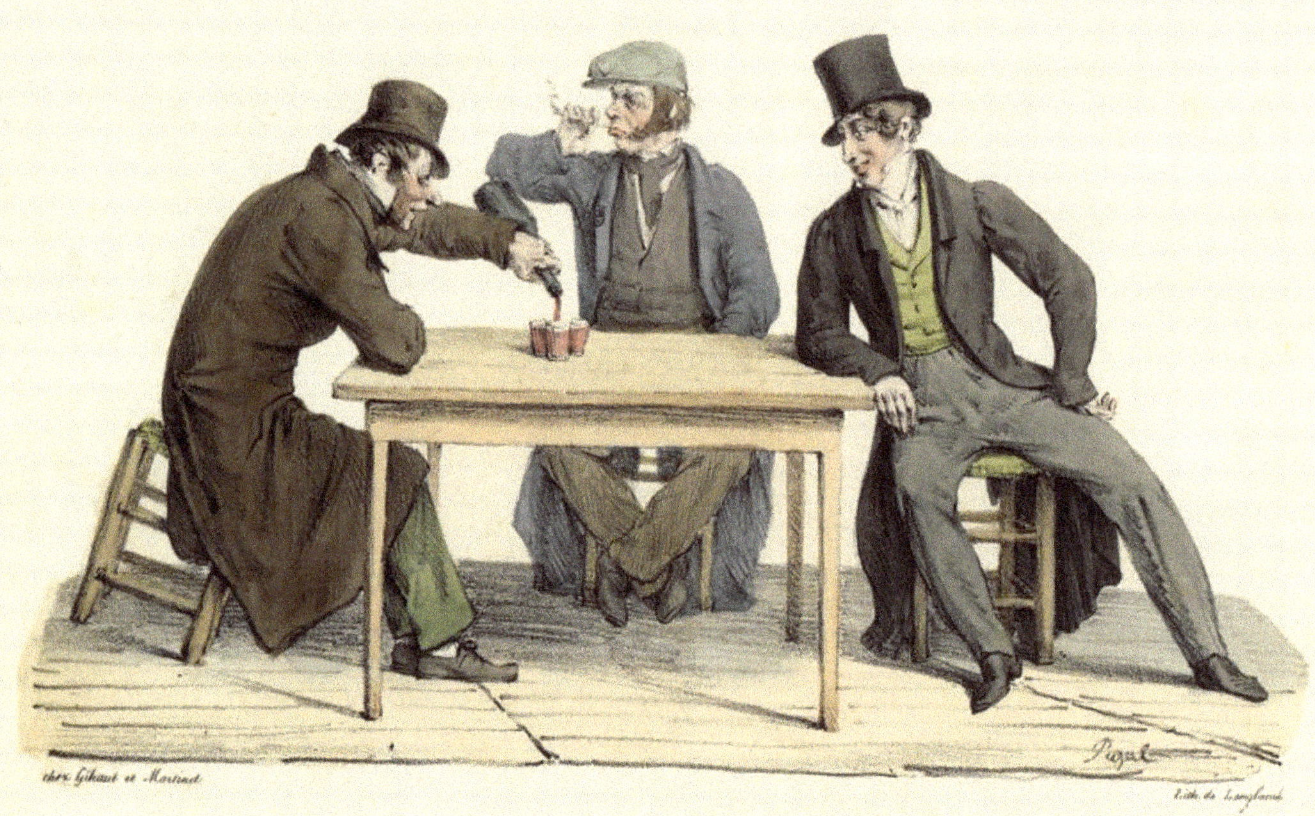

Dis-moi qui tu hantes, je te dirai qui tu es

N.° 63.

Dis-moi qui tu hantes, je te dirai qui tu es.

Cela est presque toujours vrai, et ne se dit guère qu'en mauvaise part; mais souffre souvent des exceptions.

Dans les temps où les relations entre les hommes étaient moins étendues, où l'on avait moins besoin les uns des autres, on s'écartait peu du lieu de sa naissance. Un village, un bourg, une ville même quelquefois, ne formait qu'une espèce de famille, où les mœurs de chacun étaient soigneusement observées; où l'on veillait à sa réputation plus qu'à sa fortune: la conduite de chacun était connue; et l'on pouvait dire avec connaissance de cause: *Dis-moi qui tu hantes, je te dirai qui tu es.* Aujourd'hui, il n'en est pas toujours ainsi: les familles, les rangs, les états, les peuples sont confondus: on voyage, on s'expatrie, on fréquente tout le monde, on a affaire à tout le monde, et l'on se connaît peu. La considération, dans la société, ne dépend plus de la réputation qu'on y a, mais de la figure qu'on y fait; et il est très-rare que l'on ait le même caractère, les mœurs et la manière de voir de ceux que nous disons ou qui se disent nos amis.

C'est surtout dans les temps malheureux de dissentions civiles, de cotteries de parti, dans les grandes agitations politiques, qu'il serait dangereux, souvent cruel, d'appliquer légèrement cette sentence, qui voue au mépris l'homme que l'inexpérience ou des causes involontaires associent à des gens qu'il n'appartient pas d'ailleurs à tout le monde de bien ou mal juger.

On peut être honnête homme et dîner chez tel ou tel ministre; s'asseoir à droite, à gauche ou au milieu; porter une rose rouge ou une rose blanche. On n'est point initié aux mystères de la police, parce qu'on va jouer chez le baron de C... et danser chez la marquise de V....; et il n'est pas prouvé qu'on manque de probité parce qu'on a épousé la fille d'un négociant qui a arrondi sa fortune en déposant trois fois son bilan. Enfin, par le temps où nous vivons, où en seraient tels et tels, les meilleurs gens du monde, si l'on était toujours loup pour avoir hurlé avec les loups? Demandez plutôt *à Lazarille.*

Proverbes. N.° 64

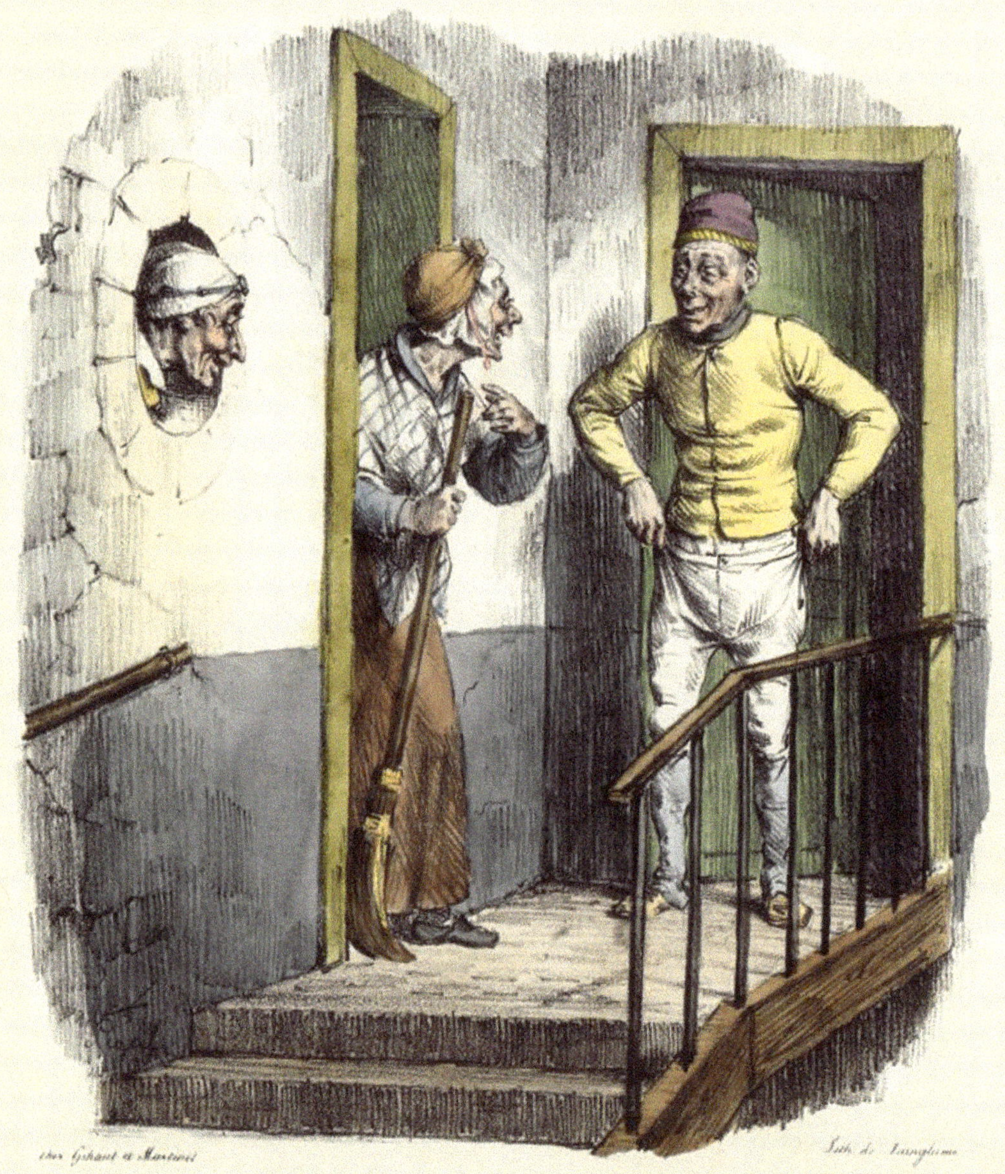

chez Gihaut et Martinet   Lith. de Langlumé

Il n'est voisin qui ne voisine.

N.° 64.

Il n'est voisin qui ne voisine.

Proverbe qui n'a point d'application au sens figuré, et qui doit son origine à la fréquentation ou aux rapports habituels et presque indispensables que procure le voisinage.

Le hasard fait qu'on ouvre sa porte ou sa fenêtre en même-temps; l'honnêteté veut qu'on se salue. — Bonjour, voisin. — Serviteur, voisine. — La santé? — Prêt à vous être utile : puis d'abord, la pluie, le beau temps, le chaud, le froid, mettent en conversation; viennent les nouvelles du quartier, les cancans, les *on dit*. — Mais entrez donc, voisine, vous me conterez cela plus à votre aise. Et quand on a tari sur le compte du prochain, on amorce le petit propos galant.... enfin... adieu, voisine. — Au revoir, voisin. — Jusqu'à la prochaine occasion, qui ne tardera pas à se présenter. Un jour, il manque au ménage un meuble utile. — Le voisin me prêtera cela. Un autre jour, c'est un petit service d'amitié que la voisine ne me refusera pas. Au reste, rien de plus aimable que cette intimité de voisinage, quand la franchise et la cordialité y président comme au temps passé, dit-on; car, hélas! aujourd'hui, il n'en est pas toujours de même, et les voisins, je ne saurais trop dire pourquoi, sont devenus souvent importuns. Il est vrai que plus d'un voisinage n'est pas toujours sans conséquence.

Voisin gaillard à gentille voisine promptement s'ingère, dit un autre vieil adage; et il est bon nombre de maris qui, malgré les progrès de la civilisation, ne sont pas là-dessus d'humeur facile. Hélas! combien de fois l'amour malin, en dépit de maint argus, ne s'est-il pas furtivement glissé d'une fenêtre à l'autre! Et qui dans sa vie n'a pas conservé le charmant souvenir de quelque voisinage aventureux ?... Mais, chut! Il est des mystères qu'il ne faut pas dévoiler. Voisins et voisines, charmez vos loisirs, vivez dans une douce union : loin de nous une censure indiscrète, et gardons-nous d'effaroucher les voisins.

Proverbes.

N° 65

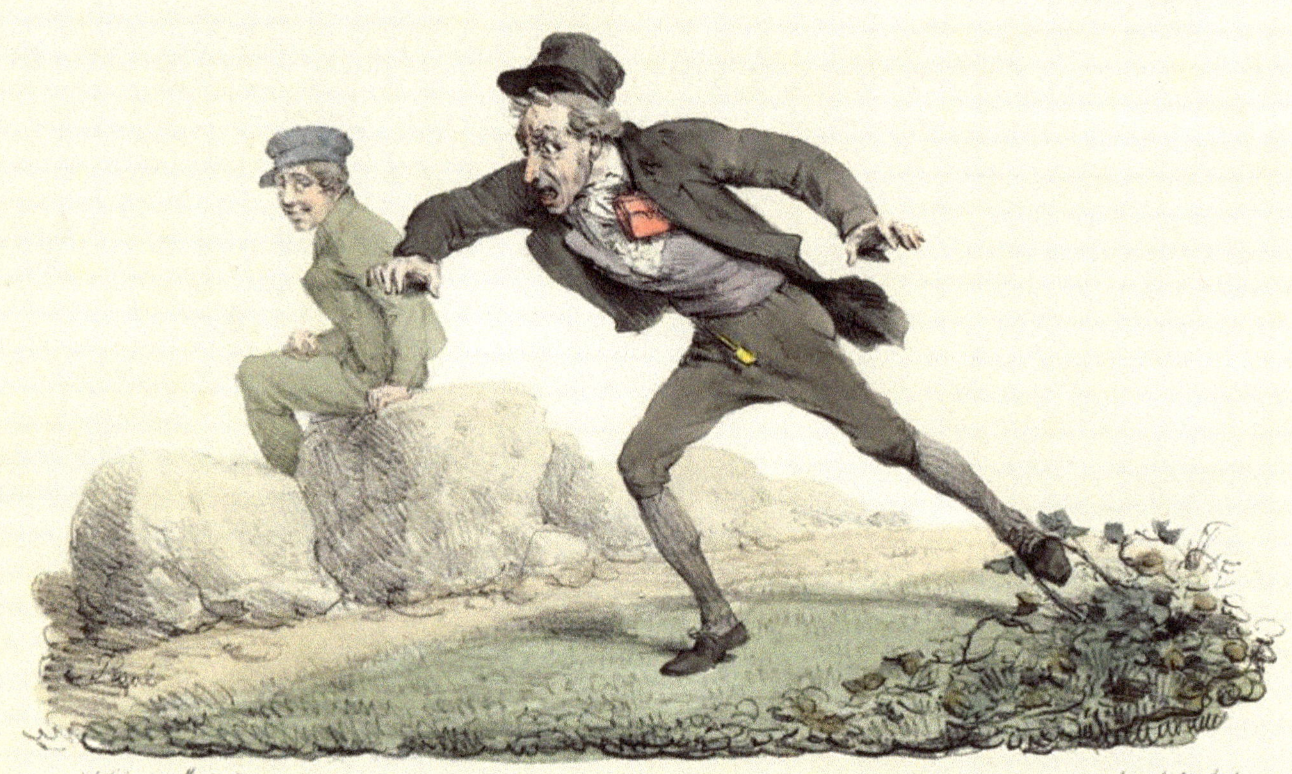

chez Gihaut et Martinet | lith. de Langlumé

Qui trop se hâte en beau chemin se fourvoie.

N.° 65.

Qui trop se hâte, en beau chemin se fourvoie.

Dans tout ce que tu fais, a dit un sage, *hâte-toi lentement;* pour exprimer qu'en mettant dans ses actions l'activité nécessaire, il faut cependant éviter l'excès de la précipitation, et savoir se garder également des deux extrêmes. Ici, l'on désigne principalement ceux qui, trop empressés, se ruent en étourdis, sans prévoir les obstacles qu'ils auront à vaincre, ou les évènemens qui pourront survenir; évènemens qui, le plus souvent, ne sont eux-mêmes que le fruit de l'irréflexion, et font échouer quand on se croit prêt d'arriver au port.

Vous, présomptueux sans frein, de tous les temps, de tous les âges et de tous les lieux, qu'une ardeur immodérée lance impétueusement dans les divers sentiers des honneurs et de la fortune; vous qui, peu sûrs du cœur d'une beauté timide, brusquez maladroitement l'instant de sa défaite; vous qui, sans avoir goûté l'Hyppocrène, prétendez d'un saut franchir l'Hélicon; vous tous enfin, qui marchez à pas de géant en politique, en affaires ou en plaisirs, c'est à vous que ce proverbe s'adresse; que sa morale vous soit utile, et pour éviter des chutes funestes, imitez ceux qui, voulant remporter le prix de la course, voient sans crainte leurs concurrens inexpérimentés épuiser leurs forces par un élan trop rapide, tandis qu'eux-mêmes, sachant à-propos gagner de vîtesse, les laissent bientôt au loin dans l'arêne.

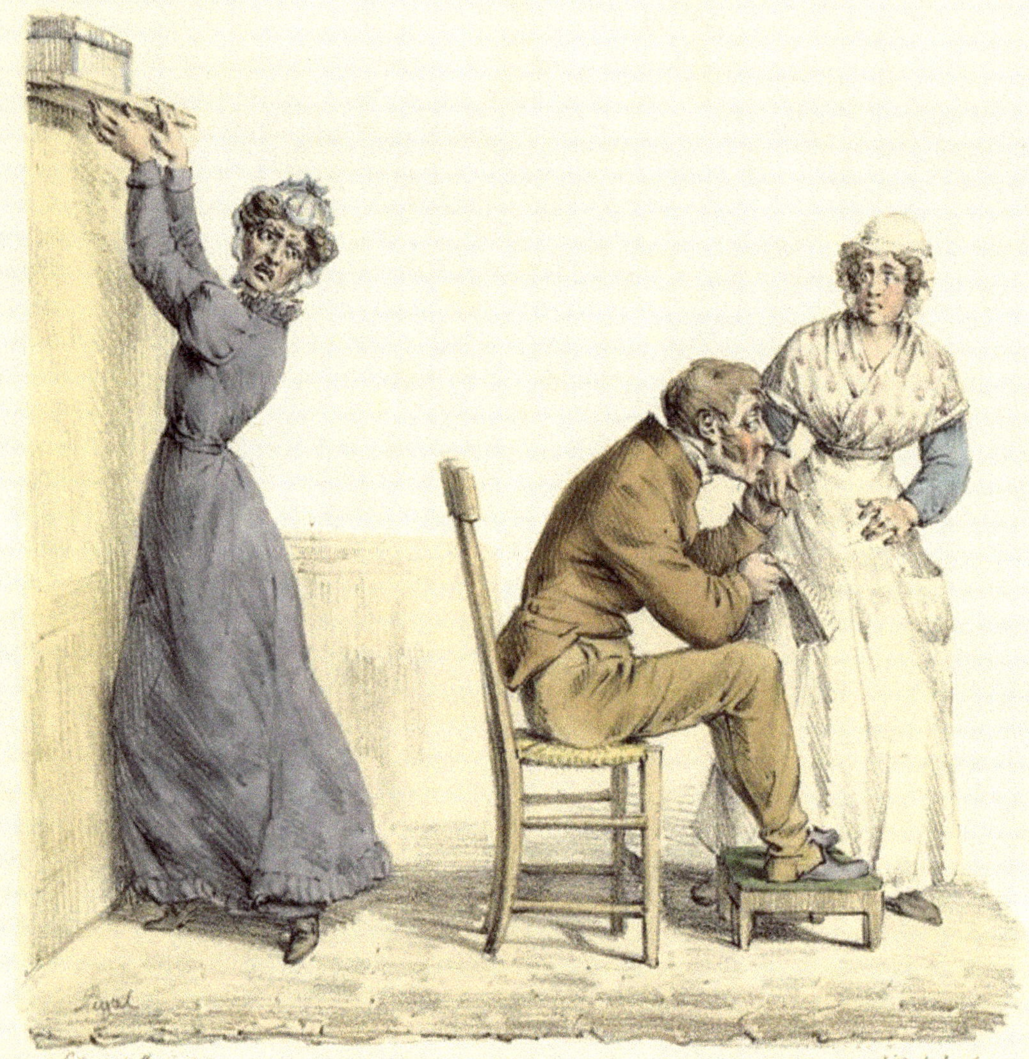

chez Gihaut et Martinet — Lith. de Langlumé

Homme sourd et femme aveugle font toujours bon ménage.

N.° 66.

Mari sourd et Femme aveugle font toujours bon ménage.

Ce proverbe ne doit se prendre qu'au sens figuré, et fournit aux époux un avis ingénieux pour conserver le bon accord conjugal. Votre chère moitié a-t-elle la réplique un peu sèche, le propos par fois aigre-doux ? Joint-elle aux reproches importuns, l'injure et le mépris? Réprimande-t-elle avec emportement ses domestiques ou ses enfans? La voyez-vous à l'écart s'entretenir à voix basse avec l'ami de la maison? Mari, soyez sourd : que jamais votre oreille trop attentive n'écoute de fâcheux discours : si ce n'est pas du bonheur, ce sera du-moins du repos.

Et vous, au contraire, douce et timide épouse qui chérissez la paix du ménage : Votre époux dépense-t-il à l'écarté le prix du cachemire ou du brillant qui manque à votre toilette? Prodigue-t-il à son cheval ou à son chien des caresses dont il est avare avec vous ? Le surprenez-vous lançant furtivement une tendre œillade à gentille soubrette ? Ah ! toujours soyez aveugle, toujours fermez les yeux; point de regards indiscrets : si l'un ne doit pas tout entendre, l'autre ne doit pas tout voir, et ainsi mutuellement.

C'est être sage que de savoir en ce point conserver sur soi l'empire. Époux, croyez-en le proverbe : c'est par cet échange réciproque de procédés et d'indulgence que vous posséderez l'art d'être heureux.

FIN DU PREMIER VOLUME.

Achevé d'imprimer en Angleterre
par Lightning Source UK

www.ingramcontent.com/pod-product-compliance
Ingram Content Group UK Ltd.
Pitfield, Milton Keynes, MK11 3LW, UK
UKHW062008290726
14090UKWH00022B/1459